AF565982

Reise durch die

KOMOREN UND MAYOTTE

Bilder von
Ellen Spinnler

Texte von
Franz Stadelmann

Stürtz

Erste Seite:
Kleine Sonnen: Blüten der Tropenpflanze Frangipani. Die fünf wachsartigen Blätter verströmen einen angenehm süßlichen Duft. Der aus der Karibik eingeführte Baum malt überall auf den Komoren gelbe Tupfer.

Vorherige Seite:
Ein angenehmer Wind streicht über die Dächer von Domoni im Osten von Anjouan. Die östlichste Stadt der Komorenrepublik war früher ein wichtiger Handelsposten, unterlag aber der heutigen Inselhauptstadt Moutsamoudou und ihrem Tiefseehafen. Zurück blieben Ruhm und Schläfrigkeit.

Unten:
Das erloschene Vulkangebiet von La Grille im Norden von Grande Comore besteht aus Dutzenden

kleinen Vulkankegeln. Aus der Luft gleichen die alten Vulkanschlunde gierigen Fischmäulern, die nach Insekten schnappen.

Seite 10/11: *Das Familienleben ist auf den Komoren sehr wichtig. Das soziale Leben spielt sich immer unter Einbezug der Großfamilie ab. Gegenseitige Besuche sind häufig und werden immer überschwänglich begrüßt. Traditionelle Frauen tragen Kopfschleier, die jüngeren kaum.*

Inhalt

Ahmed Mafahaya

Südstrand auf Mohéli bei dem Ort Nioumachoua. Die frühere Leprainsel davor ist nun mit ihren rund ein Dutzend Schwesterinseln ein Meeresschutzgebiet (Parc marin de Mohéli) im Süden von Mohéli. Das Reservat ist für Taucher ein Paradies und Lebensraum der seltenen Dugong (Dugong dugon, Gabelschwanzseekuh). Die Seegraswiesen sind auch Weidegebiet für Schildkröten.

Wie eine verlorene Perlenkette liegen die vier Inseln des Komorenarchipels zwischen Madagaskar und Kontinentalafrika. Es scheint, als ob urzeitliche Riesen die Komoreninseln im Kanal von Mosambik platzierten, um von Madagaskar nach Afrika zu hüpfen. Ein weiter Sprung aus Madagaskar und mit dem linken Fuß auf Mayotte landen, einen kurzen Hüpfer und mit dem rechten Fuß auf Anjouan abstoßen, den linken Fußabdruck auf Mohéli lassend und mit dem rechten Fuß dann kräftig auf Grande Comore abstoßen und im Norden von Mosambik landen.

Geologen sehen das anders. Während Madagaskar im Rahmen der Kontinentalverschiebung von Afrika wegdriftete, öffneten sich entlang eines unterseeischen Rückens Vulkanschlunde und erschufen Inseln, deren erste Mayotte war. Im Westen davon entstand Anjouan. Später dann Mohéli und als letzte die größte der Inseln, Grande Comore. Diese jüngste Insel beherbergt einen Vulkan, dessen Unberechenbarkeit noch nicht erloschen ist, den Karthala.

Millionen Jahre vergingen und die Inseln wurden durch Wind und Wetter geformt, so wie sie heute sind. Jede anders. Jede eigen. Gemeinsam ist ihnen, dass sie gebirgig sind und steile Bergflanken aufweisen. Schwarze, scharfkantige Lavazungen reichen oft bis zu den Küsten und haben ausgedehnte Sandstrände verhindert. Diese erstarrten Lavaströme unterbrechen den generell grünen Eindruck, den die dichte Vegetation der Inseln vermittelt.

Der Komorenarchipel liegt zwischen dem Äquator und dem südlichen Wendekreis und wird von Sonne und Regen verwöhnt. Auch in den kalten Monaten Juli und August fällt die Tagestemperatur nicht unter 25 Grad und während der Regenzeit von November bis April gießen Wolken pure Fruchtbarkeit über die Inselwelt.

Vier wilde Töchter

Daher entstanden in den Millionen Jahren der Einsamkeit Tiere und Pflanzen, die es sonst nirgendwo anders gibt. Die biologische Nähe zu Madagaskar ist trotzdem deutlich zu erkennen. Die Gemeinsamkeiten in Flora und Fauna sind groß, viel größer als die Verwandtschaft

mit Kontinentalafrika. Von einer der Komoreninsel kann man zur nächsten blicken und dennoch ist sogar eine jeweils inselspezifische Natur entstanden. Wie vier wilde Töchter der gleichen Eltern haben sie Gemeinsamkeiten, aber auch ganz klare Eigenheiten.

Vor 2000 Jahren waren die Komoreninseln noch nicht von Menschen besiedelt. In den frühen Jahrhunderten der Zeitrechnung landeten erste Schiffe an den Gestaden der Inseln. Wahrscheinlich waren es zuerst Boote mit Einwanderern aus Indonesien, so wie in Madagaskar. Dann tauchte die Inselwelt auch am Horizont der swahilisch-arabischen Seefahrer auf, die ihr weitgespanntes Handelsnetz über den ganzen westlichen Indischen Ozean ausdehnten. Sie nannten sie Mondinseln (Dschuzur al-Qamar). Daraus leitete sich später der jetzige Name der Inseln ab: die Komoren. Mosambik liegt nur 300 Kilometer westlich. Ob von dort Bantu-Afrikaner eigenständig auf die Komoren gelangten oder als Sklaven, bleibt ungeklärt.

Einen deutlichen Impuls, der bis heute anhält, gaben im 13. Jahrhundert Einwanderer aus Persien, die auf den Komoren Shirazi genannt werden. Diese Familien setzten sich als Adelskaste an die Spitze der Gesellschaft und drückten der bisherigen Kultur einen deutlichen Stempel auf. Als die ersten europäischen Seefahrer um 1500 entlang der komorischen Felsen segelten, trafen sie auf zahlreiche Sultanate, deren Herrscher untereinander in ewigen Machtkämpfen verstrickt waren. Keine der europäischen Seefahrernationen, ob Portugiesen oder Holländer, Engländer oder Franzosen, versuchte sich auf den Komoren festzusetzen. Sie kannten anderswo geeignetere Häfen.

Piraten und Beutejäger

Die aus der Karibik verjagten Piraten hingegen fanden die riffgeschützten Buchten interessant und verweilten vor 300 Jahren gern auf den Komoren, um sich von ihren Fangzügen im nördlichen Indischen Ozean auszuruhen. Ganz andere Beutejäger suchten diese Inseln vor gut 200 Jahren heim. Sie stammten aus Madagaskar und organisierten jedes Jahr eine wilde Meeresparty mit hunderten von kleinen Schiffen, die auszogen, um die Komoren und sogar die Küsten von Tansania heimzusuchen. Sie raubten, was immer ihnen in die Hände geriet. Auf ihren Razzien erbeuteten sie auch Menschen, um sie in Madagaskar als Sklaven zu verkaufen. Diese madagassischen Seepiraten waren so gefürchtet, dass die Sultanate burgähnliche Verteidigungsanlagen bauen ließen. Heute noch sind diese Zeichen der Angst auf Grande Comore durch meterdicke Korallenmauern präsent.

Bimbini liegt an der Westspitze von Anjouan am Rande eines Mangrovengebietes. Bei Flut füllt sich die flache Küste rasant. Die schützenden Mangroven werden – trotz Meeresreservat – immer mehr abgeholzt.

Die vier Inseln des Archipels waren nie geeint. Erst mit dem Eingreifen der Franzosen wurden die Komoreninseln von einer gemeinsamen Macht dominiert. Mayotte wurde 1841 in Besitz genommen und die drei anderen Inseln 1886 zum Protektorat. Als Madagaskar 1896 von Frankreich erobert wurde, kamen die komorischen Gebiete in den gleichen Topf wie Madagaskar und wurden von dort aus verwaltet.

Drei der Inseln riefen 1975 ihre Unabhängigkeit aus und sind heute mit ihren etwas über 800 000 Einwohnern als „Union der Komoren" UNO-Mitglied. Die vierte Insel, Mayotte, verblieb hingegen bei Frankreich und ist heute das 101. Département Frankreichs. Um ihre eigene Identität gegenüber der ehemaligen Kolonialmacht zu unterstreichen, wurden die Inseln umbenannt. Grande Comore wurde zu Ngazidja, Mohéli zu Mwali und Anjouan zu Ndzuwani. Jede der Inseln hat dabei ihre Eigenheiten, unterscheidet sich von ihren drei Schwestern.

Grande Comore – von Bräuchen geprägt

Moroni ist zwar die Hauptstadt von Grande Comore, doch andere Städte genießen auf der Insel mehr Ruhm. Da ist Ikoni südlich von Moroni und auch Foumbouni im Südosten wird traditionell weit höher eingestuft. Das hat nichts mit der Ökonomie zu tun, sondern allein mit historisch-spirituellem Renommee. Das ist auch ein Kennzeichen von Grande Comore: Nicht die tatsächliche Realität zählt, sondern Ehre und Ruhm. Daher wird die Grand Mariage hier ganz besonders pompös und feierlich begangen.

Als altes Substrat vorislamischer Tradition ist es heute noch so, dass der Vater für sein neugeborenes Mädchen ein Haus bauen muss, das fertig sein sollte, wenn die junge Frau dann heiratet. Daher sieht man überall auf der Insel angefangene und halbfertige Häuser, unverputzt, ohne Fenster und mit den Armierungseisen weit in den Himmel ragend. Natürlich plant jeder Vater in stolzem Rahmen für seine Tochter und so werden die Häuser bereits im Grundriss groß angelegt, die dekorativen Pfeiler zuerst gebaut und meist genügen dann 20 Jahre nicht, um das Erdgeschoss fertig zu stellen, geschweige denn, den ersten oder gar zweiten Stock, wie einst angedacht war. Als Besucher mag man sich daran stören, überall

Bauruinen zu sehen, in denen aber durchaus Familien leben. Doch die Familien haben die Hoffnung nicht verloren, das Haus eines Tages fertig zu bekommen.

Im Haus haben die Frauen das Sagen. Wichtig zu wissen ist, dass die Frauen die Hausbesitzerinnen sind und ihre Ehemänner zu ihnen zum Wohnen kommen. Ein Mann kann mehrere Frauen heiraten und wechselt dann im Turnus von Haus zu Haus. Im Fall einer Scheidung muss der Mann das Haus verlassen. Wer nur eine Frau hat, kehrt bei einer Trennung beschämt ins Haus seiner Mutter zurück. Die Vererbung von Besitz geht ausschließlich über die weibliche Linie von Mutter zu Tochter. Diese Matrilinearität und damit einhergehend die starke Position der Frau ist auf Zeiten vor über 1000 Jahren zurückzuführen, als der männerdominierte Islam noch nicht auf den Komoren angelangt war. Daher heißt es auf den Komoren: „Die Stadt gehört dem Mann, das Haus der Frau."

Die Komoren sind ein Auswanderungsgebiet, und so gut wie alle möchten in der ehemaligen Kolonialmacht Frankreich leben. Insbesondere von Grande Comore sind Zehntausende nach Frankreich gegangen und unterhalten durch Geldüberweisungen ihre Großfamilie. Ohne diese Zuwendungen aus der Ferne könnte manche Familie weit nicht so leben, wie sie es tut. Im Gegenzug müssen sich die Dagebliebenen alle Jahre zwischen Juli und September die Schmach der „Je viens" antun. Denn dann fliegen die Exilkomorer in Pomp und Pracht ein und werden am Flughafen mit Tanz, Musik und Jauchzern empfangen. Natürlich freuen sich die familienorientierten Verwandten auf ihre Besucher. Gleichzeitig wissen sie, dass die Ankömmlinge Geld und Geschenke bedeuten. „Je viens" bedeutet „ich komme" und das tun diese Exilkomorer aufgeputzt und die Taschen voller Scheine. In Frankreich gehen sie meist niederen Jobs nach, und es ist verständlich, dass ein Müllabfuhrarbeiter aus Marseille sich wie ein König fühlt, wenn er in Anzug und Krawatte aus dem Flugzeug steigt und von zwanzig, nein fünfzig Frauen lautstark bejubelt wird.

Mohéli – lieblich und naturnah

Mohéli wird seit gut 1000 Jahren von Menschen bewohnt, war aber nie überbevölkert. Daher sind große Teile der Natur weithin intakt und die steilen Flanken des Zentralmassivs verhinderten eine großflächige Abholzung. Abgeschiedenheit ist auch der Grund, warum heute noch so gut wie jede Nacht Grüne Meeresschildkröten (*Chelonia mydas*) sich den Strand hochziehen und Eier legen. Die Weibchen der über einen Meter langen und 100 bis 200 Kilogramm schweren Reptilien schwimmen von ihren Weide-

Bei Chomoni, Ostküste Grande Comore. Das türkisfarbene Wasser an den Stränden von Grande Comore verlockt zum Baden. Doch die oft im Ozean endenden scharfkantigen Lavaströme des Karthala mindern das Vergnügen. Die Inseln der Komoren sind keine eigentlichen Badedestinationen. Doch in den 1990er-Jahren existierte im Nordwesten ein „all-inclusive"-Hotelkomplex namens Galawa. Heute sieht man nur noch Ruinen.

gründen bis zu 1000 Kilometer zurück zu ihrem Geburtsort und legen dort um die 100 Eier. Dazu schaufelt jedes Weibchen mit seinen Hinterbeinen ein metertiefes Loch in den Sand. Dann legt es seine Eier und schüttet das Loch wieder zu. Im Morgengrauen schleppen sich die ermatteten Tiere hinunter zum Meer und schwimmen davon. Meterbreite Schleifspuren zeugen jeden Morgen von diesem nächtlichen Schauspiel.

Die Bevölkerung von Mohéli respektiert in der großen Mehrzahl die Schutzauflagen bezüglich der Schildkröten. Trotzdem fallen nach wie vor Tiere Wilderern zum Opfer, die das geschätzte Fleisch auch gern weiterverkaufen. In Mohéli weist man darauf hin, dass es Leute aus Anjouan seien, die in nächtlichen Piratenfahrten auf Jagd nach den Leckerbissen gehen. (Auf Anjouan betont man, dass es auf Mohéli ja noch genug dieser Schildkröten gebe.)

Der Besuch in Itsamia ermöglicht es, nachts mitzuerleben, wie sich die Schildkröten den Strand hochhieven, ihr Sandnest bauen und bis zu fünf Kilogramm blütenweiße Eier legen. Der Besuch muss mit einem lokalen Natureguide gemacht werden. Der eingeschränkte Tourismus an diesem Ort hat den Effekt, dass in diesen Zeiten die Wilderer nicht zugreifen.

Die dichten Waldgebiete von Mohéli werden von Naturbegeisterten nicht nur für Vogelbeobachtungen aufgesucht, sondern auch, um die Komoren-Flughunde (*Pteropus livingstonii*) zu sehen. Ihr fuchsartiges Gesicht mit abstehenden, runden Ohren und orangen, erbsengroßen Augen gab dieser Fledermaus den Namen. Das Fell ist tiefschwarz mit einzelnen rostroten Haarbüscheln. Gegen Abend segeln diese Säugetiere dank ihrer Flughäute von bis zu 1,5 Metern Spannweite über den tropischen Wäldern auf der Suche nach Früchten und Blütennektar. Tagsüber ruhen die bis zu 30 Zentimeter langen Fledertiere eingehüllt in ihren Flügelmantel kopfüber in 20 Metern Höhe. Die Ruheplätze sind nur ganz bestimmte Baumarten wie etwa der Feigenbaum in ungestörten Gebieten. Da sie in Kolonien leben, scheinen sie sich mehr lautstark zu streiten, als zu schlafen. Die Komoren-Flughunde – es gibt auch Populationen auf Anjouan – sind sehr gefährdet, denn Wilderei, Zyklone und Waldabholzungen setzten ihrem Lebensraum arg zu. Auf den Komoren sind Fledermäuse oft zu sehen, auf den Inseln leben sogar sieben Fledertierarten.

Mohéli war weit weniger ein Auswanderungsland als Grande Comore oder Anjouan. Daher fließt kaum Geld zurück in die Haushalte der Insel. Die Leute scheinen aber auch weniger von orientalischem Pomp zu halten. Gastfreundlich und bescheiden gehen sie ihrer Landwirtschaftsarbeit nach. Innerhalb der Union der Komoren hat Mohéli eine schwierige Rolle zwischen der dominanten Insel Grande Comore und der starken Insel Anjouan. Mohéli ist klein, arm und auf sympathische Art „hinterwäldlerisch".

Anjouan – Quastenflosser und Ylang-Ylang

Anjouan wurde weltweit bekannt, weil sich die Insel 1997 von der Komorenrepublik lossagte und sich als unabhängig erklärte. Gleichzeitig bat sie Frankreich um Aufnahme. Frankreich lehnte ab und die komorische Zentralregierung ließ Jahre vergehen, bis dann eine afrikanische Eingreiftruppe in Anjouan einmarschierte. Seither ist Anjouan wieder den Komoren einverleibt. Spannungen bleiben bestehen. Sich selber betrachten die Anjouanesen als tüchtig und arbeitsam. Die Bewohner von Mohéli bezeichnen sie als faul und für Grande Comore haben sie nur Verachtung übrig. Aber wer profitieren kann, tut es dann doch. Es geht nicht ohne die anderen, aber auch nicht miteinander.

Auf allen Komoreninseln ist der Umgang mit Abfall ein dramatisches Problem. Überall liegen PET-Flaschen, Plastiksäcke, Abfall aller Art herum. In Anjouan ist es so schlimm, dass man danach Moroni als sauber empfindet. Diese Achtlosigkeit gegenüber der Umwelt erstaunt. Und ebenso ist die Arbeitslosigkeit ein großes Problem: Die Jugend hat nichts zu tun. Die jungen Männer lungern herum und träumen vom Reichtum in Mayotte, während die Mädchen sich mehrheitlich im Haus aufhalten. Auch hier haben Internet und Handy Einzug gehalten und eröffnen eine Welt, die scheinbar grenzenlos ist.

Vor den Küsten von Anjouan leben archaische Fische, deren Entdeckung eine Weltsensation war: die Quastenflosser (*Latimeria chalumnae*). Diese Tiere standen in der Urzeit im Begriff, Landgänger zu werden. Man glaubte, sie seien seit 70 Millionen Jahren ausgestorben. In den Gewässern der Komoren wurden mehrere Exemplare gesichtet und alle paar Jahre verfängt sich ein Quastenflosser im Netz eines Fischers. Die Fische sind über einen Meter lang und ihre Flossen sehen aus wie kleine Arme.

Im Osten von Anjouan findet sich das Städtchen Domoni, das in der Wertschätzung weit höher angesiedelt ist als die kommerzielle Hauptstadt Moutsamoudou. Hier in Domoni

Das Männchen des Madagascar Paradise Flycatcher (Terpsiphone mutata, Paradiesschnäpper) zeigt stolz seinen langen weißen Schweif. Andere Vertreter dieser endemischen Art tragen rostrot oder braun. Die Gefiedervariationen sind je nach Insel deutlich unterschiedlich.

gingen Shirazi-Prinzen an Land, auf der Flucht vor den ewigen Querelen auf Grande Comore. Sie gaben dem Ort einen orientalisch-islamischen Charakter, der heute noch sichtbar ist: Moscheen und Minarette, enge Gassen und geschnitzte Haustüren. Die Stadt hat keinen Hafen und nur wenig Aktivität. Außer abends, wenn wieder ein paar Waghalsige in Boote steigen, um Mayotte, das sich in der Abendsonne schwarzblau am Horizont abhebt, zu erreichen. So mancher Komorer träumt davon, in Mayotte und somit in Frankreich Zugang zu Schule und Bildung, Spital und Gesundheit, Arbeit und Geld zu haben.

Die Ostküste von Anjouan ist mit ihren Ebenen fruchtbar und wurde genutzt, um Zuckerrohr anzubauen, dann Ylang-Ylang, Kokos, Nelken. Im Osten der Insel etablierte sich die Société Comores Bambao, die ab 1907 über mehrere Generationen das Wirtschaftsgeschehen bestimmte. Sie war eine Zeitlang der weltgrößte Hersteller von Ylang-Ylang und größte Landbesitzerin auf den Komoren. Das Unternehmen wurde 1975 bei der Unabhängigkeit verstaatlicht und ging schnell zugrunde. Heute erinnern nur noch ein paar Ruinen an die SCB. Die Anbauparzellen sind nun in Familienbesitz und klein. Hier und dort wird Ylang-Ylang in altertümlichen, barackenartigen Destillerien verarbeitet.

Besucher lassen sich gern von der Palmenfülle und der grünen Farbenpracht der Landschaft beeindrucken. Wer ein paar Tage wandern will, kann dies auf kaum begangenen Pfaden tun, aber ein Wanderparadies ist Anjouan nicht. Auch kein Tourismusmagnet. Die laut Legende erste Siedlung der Insel – Sima – ist nichts als eine Straßenkreuzung und die dortige Shirazi-Moschee ein paar zerfallene Mauern. Auch das von Besuchern aus Mayotte stets gelobte Moya besteht aus ein paar Dutzend Metern Sandstrand zwischen schwarzen Brandungsfelsen.

Mayotte – Frankreich in den Tropen

Die drei Inseln der Republik Komoren reiben sich seit ihrer Unabhängigkeit auf in ewigen politischen Zankereien; Korruption und Vetternwirtschaft sind an der Tagesordnung und die Komoren kommen nicht vom Fleck. Einzige Gemeinsamkeit ist, dass die Politiker regelmäßig lautstark die Rückführung von Mayotte fordern: Die bunte komorische Flagge zeigt zwischen dem Halbmond auch demonstrativ vier Sterne, also die vier Komoreninseln.

Moderne Fischerboote vor Grande Comore, aus Fiberglas gebaut und motorenbetrieben. In Anjouan werden sie Kwassa-kwassa genannt. Küstenfischerei ist ein wichtiger Ernährungszweig, aber nicht mehr ertragreich.

Dank der Präsenz der Franzosen als Lehrer, Verwalter, Polizisten und Militärs, als Geschäftsführer und mittleres Kader ist Mayotte eine Insel, die zu bereisen nicht schwer ist. Die Logistik funktioniert. Doch die französische Lasur ist ein Trompe-l'œil: Der Lack blättert schnell ab, sobald man die Agglomeration von Mamoudzou verlässt.

Die Hauptstadt Mamoudzou liegt im Nordosten der Insel und ist durch steten Fährbetrieb verbunden mit der vorgelagerten Insel Petit-Terre. In dieser Nordostzone lebt über Dreiviertel der Inselbewohner und dort ist der generelle Eindruck ein sehr französischer. Nette Hotels, schicke Boutiquen, Museum und Flughafen, großes Spital und Schulen. Dann aber auch slumartige Behelfsbauten und wie immer auf allen Komoren: Abfall.

Draußen auf dem Land jedoch sind durchaus liebliche Orte zu entdecken, Wälder und Wanderwege, die schönsten Strände aller Komoren überhaupt und Tauchgebiete in naturgeschützten Zonen. Mayotte ist von Korallenriffen umgeben, die von Tauchern hoch gelobt werden. Während die Hauptkomoren nur einen sehr marginalen Tourismus kennen, gibt es Direktflüge aus Frankreich nach Mayotte und mehr Besucher an einem Tag als auf den Komoren in einem Monat. Es sind zumeist Leute, die ihre Verwandten besuchen. Denn im französischen Überseelebenslauf „macht man Mayotte" und geht dann weiter in andere Überseegebiete in der Südsee und in der Karibik. Für viele Franzosen ist Mayotte ein Abschnitt im Berufsleben und den wollen sie auch nutzen. So sind die Freizeitaktivitäten sehr gut entwickelt. Es gibt Birdingclubs, Fotografenvereine, Wandergruppen, Naturfreunde. Meist nur mit weißen Gesichtern besetzt. Mayotte hat viel zu bieten. Die Wanderwege, auch mehrtägige Touren, sind ausgeschildert und es gibt gut dokumentierte Wanderführer und -karten. Wassersport in allen Variationen wird angeboten. Das alles kostet Geld.

Die Mahorais, die komorischen Bewohner von Mayotte, können daran in dem Maße teilnehmen, in dem sie Arbeit und Sozialanerkennung erreicht haben. Das ist etlichen durchaus gelungen. Sie sind quasi die schwarzen Franzosen, die sich vehement gegen die Einwanderung der Leute von den anderen Komoreninseln wehren. Viele Mahorais leben in ihren Dörfern ein beschauliches Leben und auch hier zählen komo-

rische Gebräuche: Grand Mariage, Hausbesitz durch die Frauen, moslemischer Glaube. Alles jedoch mehr oder weniger aufgeweicht und angeglichen.
Am unteren Ende der Sozialschichten leben die Einwanderer, die mehr oder meist weniger legal darauf hoffen, irgendwie den Fuß in ein berufliches und gesellschaftliches Leben zu bekommen. Natürlich werden sie ausgenutzt: als billige Wegwerfarbeiter, durch überhöhte Mieten, durch leere Versprechungen. Und täglich kommen mehr.
Mayotte ist geologisch die älteste Insel des Komorenarchipels. Es sind noch hier und da Vulkankrater zu sehen, aber die sind erodiert und bewachsen. Dank der gebirgigen Inselstruktur sind weite Teile der Insel intakt. Es gibt eine eigene Tier- und Pflanzenwelt und der auf Grande Comore (der jüngsten der Inseln) schwarze Eindruck der Landschaft (wegen den Lavagesteinen) ist auf Mayotte abgelöst durch ein tropisch-grünes Landschaftsbild. Die Böden sind fruchtbar, sosehr, dass es früher Zuckerrohrplantagen und etliche Zuckerfabriken gab. So ist auch die Industriearchäologie ein Hobby geworden.
Es ist verwegen, die facettenreichen Inseln der Komoren auf wenige Worte zu reduzieren. Die vier Mondinseln nahmen im Laufe der Jahrhunderte Menschen und Strömungen aus vielen Himmelsrichtungen auf. In unterschiedlicher Weise. Die eine blickt heute noch eher nach Zanzibar. Die andere ist durch Madagaskar beeinflusst. Die dritte hat afrikanische Züge und die vierte wendet sich Frankreich zu. Aber alle sind in Kultur und Lebensweise porentief moslemisch geprägt. Die Einflüsse der modernen Zeit sind unübersehbar.

Seite 22/23:
Der Palast Mawana in Bamao auf Anjouan wurde 1863 im Auftrag von Sultan Abdallah III gebaut. Der Sultan von Anjouan war weltoffen, initiativ und geschäftstüchtig. Er legte die ersten Zuckerrohr-Plantagen an und eröffnete eine Ylang-Ylang-Destillerie. Daraus entstand das damals größte Agroindustrieunternehmen der Komoren. Heute zerfällt der Palast, das Unternehmen überlebte die Verstaatlichung der 1970er-Jahre nicht.

Seite 24/25:
Die Wege durch die Altstadt von Moroni führen in verwinkelten Pfaden entlang von dicken Mauern aus Korallengestein und Vulkanlava. Die Familien leben abgesondert hinter den massiven Holztüren, getrennt vom öffentlichen Leben.

Grande Comore

An dieser Bucht entstand vor tausend Jahren Moroni, die heutige Hauptstadt der Bundesrepublik Komoren. Schon vor Jahrhunderten landeten hier Kauffahrer, Piraten und Kriegsschiffe. Die Agglomeration mag heute über 100 000 Einwohner haben. So genau weiß das niemand. Das Nachtleben in der Stadt ist eher bescheiden.

Die in Nord-Süd-Richtung verlaufende Insel Grande Comore ist mit 1013 Quadratkilometern nicht einmal halb so groß wie Luxemburg und sieht aus, also ob Picasso eine Banane gezeichnet hätte. Der nördliche Teil der langgezogenen Insel besteht aus Steinflächen, überdeckt mit Savannengras und vereinzelten Palmen. Im mittleren Teil erheben sich kleine Vulkanschlunde wie aufgebrochene Pockennarben. Der südliche Teil von Grande Comore wird vom Vulkan Karthala dominiert.

Die Menschen leben entlang der Meeresküste und in engen Dörfern an den Hügelhängen. Der Südwesten ist der Schwerpunkt der Siedlungen. Dort liegt auch die Hauptstadt Moroni. Der östlichen Küstenlinie entlang finden sich nur wenige Orte. Es gibt keine Flüsse oder Bäche auf Grande Comore. Die Regenfälle versickern sofort im vulkanischen Gestein. Daher ist Landwirtschaft nur beschränkt möglich. Die Menschen beziehen ihr Wasser aus tiefen Brunnen. Die Hauptstadt der Insel und des gesamten Staates ist Moroni, um eine kleine Naturbucht herum gebaut. Der Kern von Moroni ist die Altstadt, die gleich am alten Hafen beginnt. Die Bewohner bewegen sich in den engen Gassen der Medina zu Fuß. Das verwinkelte Zentrum ist keine 200 Meter lang oder breit. Mit seinen verzierten Holztüren erinnert es an eine typische Swahili-Stadt wie Zanzibar oder Lamu. Zwischen Altstadt und dem Hafen steht stolz und erhaben die Freitagsmoschee, das wohl beliebteste Fotosujet. Sie wird inzwischen die alte Freitagsmoschee genannt, weil sie durch eine neuere abgelöst wurde. Rings um die Altstadt lockert sich die Bauweise der Häuser auf. So greift Moroni hinaus entlang der Meeresküste und hoch entlang der Hügelflanken.

Seite 28/29: Das ehemalige Sultanat Itsandra schützte sich vor Piraten durch Stadtmauern und eine Burg, deren Mauern sich heute noch den Hügel hinaufziehen. Jeder Zentimeter der meterdicken Befestigungen zeugt von Angst und Schrecken: vor Invasoren vom Meer her und vor Angriffen benachbarter Sultanate.

Oben:
Itsandra lebt am Meer und vom Meer. Und doch ist die Stadt seltsam in sich gekehrt und hat ihr eigenes Leben. Das einstige stolze Sultanat wurde von Moroni überflügelt und ist heutzutage quasi ein Vorort der Hauptstadt.

Rechts:
In der Koranschule (Madrasa) lernen die Kinder lesen und schreiben – in arabischen Schriftzeichen und anhand des Korans. Fast alle Kinder besuchen in jungem Alter während zwei oder drei Jahren die Koranschule. Erst später lernen sie in – meist staatlichen – Schulen das lateinische Alphabet, das auch in offiziellen Schreiben benutzt wird.

Links:
Jedes Dorf hat seinen öffentlichen Platz (Bangwe) mit steinernen Sitzplätzen. Bei Versammlungen dürfen sich nur Männer äußern, die die Grand Mariage erfüllt haben. Diese Sitzbänke sind Austauschorte für Informationen und Gerüchte. Quasi die Zeitung der alten Zeiten.

Unten:
Itsandra kannte einst ein Stadtleben, das sich in enge Quartiere unterteilte. Jedes Quartier hatte seinen zentralen Punkt, der von dekorativen Toren mit kleinen Türmchen begrenzt wurde. Bis heute spielen diese Versammlungsorte eine wichtige Rolle in der öffentlichen Diskussionstradition und Meinungsbildung.

TROPIC FM
La legende continue
WA-B-K energies
WA-B-K
Glaces
CIRCONSCRIPTION ÉLECTORALE DE MORONI
Combat
Pour le Sourire
d'un Peuple
Votez

Links:
Der Place Badjanani ist das Herz der Hauptstadt Moroni. Dieser zentrale Platz führt hinaus auf den Hafen und gegen den Sonnenuntergang, gegenüber thront der oft regenbewölkte Karthala. Von diesem Platz aus führen enge Gassen durch das Labyrinth der Altstadt. Und es finden sich mehrere Moscheen, zu denen sich fromme Männer zum täglichen Gebet begeben.

Unten:
Der Geist der Moderne macht auch vor der Altstadt von Moroni nicht halt. Elektrizität und Blechdächer, Plastikstühle und die Auslage eines Schuhgeschäfts sind Zeichen dafür. Trotzdem ist Zeit noch kaum ein signifikantes Kriterium im täglichen Alltagsleben.

Rechts:
Frauen verkaufen Bananen und die Wurzelknolle Yams am Rande der Medina in Moroni. Wo Platz ist, finden sich auch Verkäufer. Überall ist Markt: ob im Marktgebäude Volo-Volo in Moroni oder außerhalb. Das ist für Frauen oft die einzige Verdienstmöglichkeit.

Rechts:
Die roten Guaven sind eine bittersüße, oft wildwachsende Leckerei. Davor die sehr stärkehaltigen Taro-Knollen.

Ganz rechts:
Die grüne Brotfrucht wird wie Kartoffeln zubereitet: gekocht oder frittiert. Daneben grüne Avocados und gelbe und rote Mandarinen.

Rechts und ganz rechts:
In jedes komorische Gericht gehören Zwiebeln aller Art. Oft werden die größeren Sorten – wie die Tomaten auch – aus Madagaskar eingeführt.

Oben:
Der Verkaufsraum ist innen wie draußen in der Gasse, hier in Moroni. Viele der Fertigkleider stammen aus Indien und treffen den aktuellen Modegeschmack. Außerdem hüllt sich die Frau gern in ein bunt bedrucktes Tuch (Chiromani) oder zumindest einen Schal.

Links:
Den Alten Markt (genannt Petit Marché oder auch Souk) rings um die Stadtmauern von Moroni gibt es weiterhin, obwohl im Quartier Al Kamar nördlich und etwas außerhalb der Stadt ein neuer Markt namens Volo-Volo, gebaut wurde. Der Markt im Quartier Grimaldi-Mboueni wird Dubai-Markt genannt, weil die Waren aus Dubai stammen.

Die alte Freitagsmoschee und der Hafen von Moroni. Im Hintergrund der neue Hafen, der aber keine tiefgehenden Ozeanschiffe empfangen kann.

Morgens fahren die Fischer ein und ihre Frauen organisieren den Verkauf des Fangs. Ein Drittel geht an die Familie, ein Drittel an den Bootsbesitzer und ein Drittel wird verkauft. Der Fischhandel wird zumeist von den Frauen betrieben, die „watchouzi" genannt werden.

Rechte Seite:
Stolz präsentiert der Fischverkäufer eine Goldmakrele, sein Produkt des Tages, im Markt Volo-Volo von Moroni. Auf den Komoren ist der Dorado, wie der Raubfisch genannt wird, ein beliebter Speisefisch. Die Fische sind der Fang des Morgens und werden frisch verkauft, eine Kühlung gibt es nicht.

PAINTS

Obwohl es in Moroni zwei, drei bescheidene „Supermärkte“ der modernen Art gibt, bestehen die normalen Geschäfte aus kleinräumigen Einheiten und sind Familienunternehmen.

Ein Frauenförderungsprojekt betreibt eine Kochschule, die für die Arbeit in der Hotellerie vorbereiten soll. Die jungen Frauen werden in verschiedenen Gastronomierichtungen ausgebildet.

Straßenszene in Moroni: Abfall ist das ganz große Thema aller Inseln. Abfall überall, trotz Aufrufen zu Sauberkeit. Das Leben spielt sich draußen ab und alle haben immer Zeit für eine Begrüßung und ein Gespräch. Die Leute lassen die Stunden des Tages langsam in sich einfließen. Pünktlichkeit hat keinen prioritären Stellenwert.

In einem privaten Haushalt wird Mardouf, das komorische Flachbrot, zubereitet. Viele Haushalte verkaufen vor ihrem Haus kleine Snacks oder Imbisse. Beliebt ist auch das Herstellen von flachen Sesamriegeln. Diese zuckersüßen Knabbereien (Shihondro) werden von fliegenden Händlern, oft Kindern, auf kleinen Tellern angeboten.

Linke Seite:
Die katholische Kathedrale Sainte-Thérèse-de-l'Enfant-Jésus in Moroni. Der Bischof ist ein Missionar aus dem Kongo, die Geistlichen, Frères und Soeurs, stammen aus dem Kongo und aus Madagaskar.

Die Kathedrale ist bescheiden, aber sonntags randvoll. Die Christen auf den Komoren sind aus Madagaskar und bei den Gottesdiensten herrscht hier eine stimmungsvolle Mischung aus christlicher Demut, kongolesischer Lebensfreude und madagassischer Religiosität.

Jedes Dorf hat seine Moschee und Moroni hat mehrere wie hier im Quartier Badjani. Das Gebot, täglich zu beten, wird sehr strikt eingehalten – von der älteren Bevölkerung jedenfalls. Es gibt auch auf den frommen Komoren inzwischen HipHop, Drogen und Alkohol.

Im Museum von Moroni wird die alte Lebensweise der Komorer dargestellt. Die Leute fühlen sich sehr dem swahilisch-arabischen Lebensstil Ostafrikas und Arabiens zugehörig, haben aber hundert Jahre französischen Einfluss hinter sich und sind auch beeinflusst von ihren madagassischen Einwohnern.

Der Quastenflosser (Coelacanthe) im Museum von Moroni zeugt von einer uralten Fischart, die im Begriff war, Landbewohner zu werden. Er war bis vor Jahrzehnten nur als versteinertes Fossil bekannt. Die Sensation war groß, als ein Exemplar 1938 in Südafrika gefangen wurde. Die Vulkanhöhlen um die Komoreninseln scheinen eine gute Lebensumgebung für die über einen Meter langen Urfische zu bieten. Alle paar Jahre verirrt sich ein Exemplar in das Netz eines Fischers.

Das Musée des Comores (CNDRS) versucht, die kulturellen Variationen der Komoren bewusst zu machen. Die Menschengeschichte der Komoren ist rund 1500 Jahre alt und das Museum in Moroni stellt die verschiedenen Einflüsse dar. Es ist naturhistorisches und ethnografisches Museum zugleich und wird mit türkischen Geldern erneuert.

Fragmente aus vielen Epochen belegen die Menschheitsgeschichte der Komoren. Es fand sich sogar Porzellan aus China, hergebracht von unbekannten Händlern. Jahrhundertealte Töpfereien belegen, dass die Mondinseln – zeitweilig jedenfalls – schon vor fast 2000 Jahren von Menschen besucht wurden.

Außerhalb der Altstadt lockert die Bebauung von Moroni auf. Die Agglomeration wächst die Küste entlang, aber auch deutlich in die Hügel hinauf. In den Außenquartieren stehen meist einzelne Häuser. Hochhäuser gibt es keine. Das noble Viertel heißt Ambassadeur (Botschafter). 2017 wurden die ersten zwei Verkehrsampeln aufgestellt.

Auf Schritt und Tritt treffen in Moroni Tradition und Moderne aufeinander. Für Ästhetik bleibt keine Zeit. Die Verlegung von Stromkabeln folgt eigenen Regeln. Stromausfälle sind häufig. Strom wird durch Dieselmotoren erzeugt.

Rechte Seite: *Zwar ist dieses Geschäft als Eisenwarenladen eher technisch orientiert, aber Nahrungsmittel finden trotzdem Platz. Die Lagerhaltung und Preispolitik der Artikel werden im Kopf gemacht. Die Öffnungszeiten sind flexibel.*

ENERGY SAVING LAMP
TOKYOSAT
Nesquik
CAÏZER
Tao Jin Lu
closeup
1500

Oben:
Itsandra war wohl einer der ersten Häfen auf den Mondinseln. Im 17. Jahrhundert wurde der Ort mit Mauern befestigt. Itsandra war die erste Hauptstadt von Grande Comore und ihr Sultan war zeitweilig einer der mächtigsten der Insel. Trotz Befestigungsanlagen fürchteten die Sultane Angriffe vom Meer her. Jetzt ziehen nur noch Frachtschiffe vorbei und ganz selten Kreuzfahrtschiffe.

Rechts:
Die flache Schulter des Karthala verbirgt die Kraft des Vulkans, dessen Lavaadern bis ans Meer von Itsandra fließen. Die Komoreninseln wurden durch die Kraft von Vulkanen geboren und jede steht auf einem Vulkansockel, der tief zum Meeresgrund führt.

Links:
Die groben Steinbefestigungen von Itsandra zeugen von der Angst vor Angriffen, die vor über 200 Jahren jährlich durch madagassische Piraten ausgeführt wurden. Die zahlreichen Befestigungsanlagen sind militärhistorisch noch kaum erforscht.

Unten:
Der kleine Strand von Itsandra ist einer der wenigen Sandstrände auf Grande Comore. Hier findet sich eines der drei, vier Hotels der gehobenen Klasse der Komorenrepublik. Das Hotel lebt von Regierungskongressen und offiziellen Besuchern.

Unten:
Einer der Quartierplätze (Bangwe) in Ikoni vermittelt heute noch die Intimität des Quartierlebens, Treffpunkt von jung und alt. Sich in Cafés oder Restaurants zu treffen ist keine komorische Tradition, auch aus ökonomischen Gründen.

Rechts:
Die Kleinstadt Ikoni am Fuße eines Vulkankraters genießt als ehemalige Sultansstadt heute noch ein großes Renommee. Bei einem der vielen madagassischen Piratenüberfälle stürzten sich die Frauen vom Vulkankrater, um nicht in Gefangenschaft zu geraten. Den letzten Sultan entführten die Franzosen kurzerhand nach Madagaskar.

Linke Seite:
Die Auslegerboote sind Erbe der Einwanderer aus Indonesien und Madagaskar. Sie werden Galawa genannt. Die sehr wellengängigen Boote aus ausgehöhlten Baumstämmen tragen bis zu drei Fischer hinaus ins offene Meer und kentern dank der Seitenarme selten. Für den Bau wird gern das Stammholz des Mangobaumes benutzt.

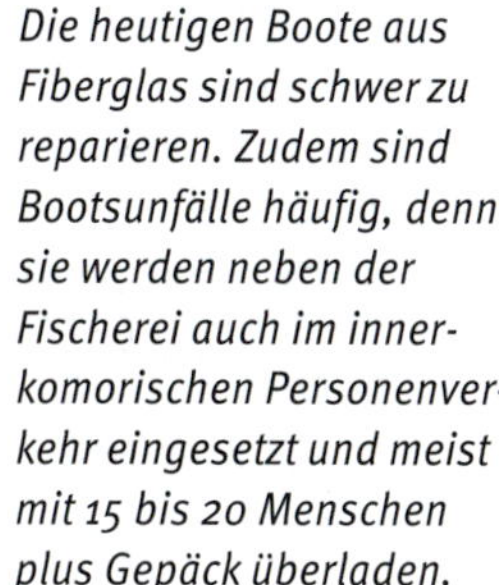

Die heutigen Boote aus Fiberglas sind schwer zu reparieren. Zudem sind Bootsunfälle häufig, denn sie werden neben der Fischerei auch im innerkomorischen Personenverkehr eingesetzt und meist mit 15 bis 20 Menschen plus Gepäck überladen.

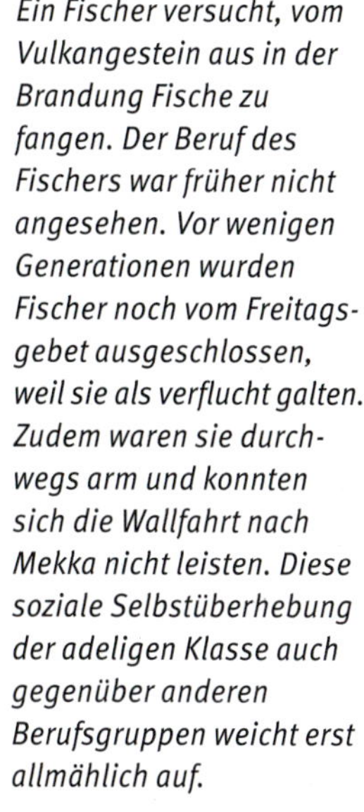

Ein Fischer versucht, vom Vulkangestein aus in der Brandung Fische zu fangen. Der Beruf des Fischers war früher nicht angesehen. Vor wenigen Generationen wurden Fischer noch vom Freitagsgebet ausgeschlossen, weil sie als verflucht galten. Zudem waren sie durchwegs arm und konnten sich die Wallfahrt nach Mekka nicht leisten. Diese soziale Selbstüberhebung der adeligen Klasse auch gegenüber anderen Berufsgruppen weicht erst allmählich auf.

Oben:
Im stillen Dorf Ndroini bei Ikoni findet sich das Tor der Gnade (Bankwe la Ndruani). Das reich verzierte Tor mit Dreifachbögen ist gekrönt von drei Türmchen mit Einritzungen, die Sterne, Schwerter und Herzen zeigen. Die filigranen Botschaften aus alter Zeit bleiben weithin unenträtselt.

Rechts:
Dem salzhaltigen Marabu-See (Dziwa la Maroumba), eher ein flachgründiger Teich südlich von Ikoni, werden übernatürliche Kräfte zugesprochen. Er wird von schneeweißen Reihern bewohnt, denen ebenfalls Magie innewohnen soll. Im Hintergrund wacht der Karthala im Südwesten von Grande Comore. Baden und Fischen sind hier verboten.

Jedes Dorf hat eine oder mehrere Moscheen und viele leisten sich weit mehr Gebetsraum als benötigt. Auch das kleine Dorf Ndroini baut sich dank Fremdfinanzierung eine neue Moschee.

Das schlichte Grab eines bekannten Mannes: Prinz Said Ibrahim (1911–1975), Sohn des letzten Sultans von Ikoni (Said Ali bin Said Omar) und mithin von Grande Comore. Prinz Said war einer der maßgebenden Politiker während der ersten Unabhängigkeitsjahre der Komoren. Der internationale Flughafen in Hahaia ist nach ihm benannt, ebenso wie eine Moschee.

Foumbouni im Südosten von Grande Comore ist einer der konservativsten Orte der Komoren. In der 20 000-Menschen-Stadt finden die schmuckvollsten traditionellen Heiraten statt. In den Monaten Juli bis September, wenn die Exilkomorer aus Frankreich einfliegen, erwacht Foumbouni zu den prunkvollen und verschwenderischen Festlichkeiten der Grand Mariage.

Jede Stadt hat ihre Adeligen und so auch Foumbouni, wo Herkunft und Tradition weiterhin hochgehalten werden. Trotzdem wird der alte Sultanspalast nun als Grabstätte für aristokratische Verstorbene genutzt. Foumbouni war einst eines der wichtigsten der zeitweise um die zwanzig Sultanate von Grande Comore.

In Foumbouni stehen ein Dutzend Moscheen und die Stadt schützte sich mit Mauern vor Seeangriffen. Der unberechenbare Karthala verschonte die fromme Stadt: In einer Lavaader gleich vor der Stadt findet sich heute das städtische Fußballfeld.

Die Geschäfte außerhalb von Moroni sind oft scheinbar dürftig ausgestattet. Dieser Laden in Ikoni verkauft Getränke und Knabbereien. Aber auch Seife, Dosenmilch, Kerzen und Eier.

Linke Seite:
Fernstraße auf Grande Comore: Die Route Nationale 3 (RN 3) verläuft entlang der Ostküste von Nord nach Süd. Ein langer Fahrtag genügt, um die Insel einmal zu umfahren. Sie hat die Ausmaße von 64 auf 31 Kilometer.

Von keinem Punkt aus sieht der Karthala gefährlich aus. Der Vulkan tarnt sich als harmloser Hügel (im Hintergrund Mitte links). Sein Gipfel (2362 Meter) ist aber von Kontinentalafrika (Nordmosambik) aus bei guter Wetterlage zu erahnen. Spuren seiner zornigen Ausbrüche sind auf ganz Grande Comore zu sehen. Es dauert lange, bis sich wieder Pflanzen auf den Lavafeldern niederlassen.

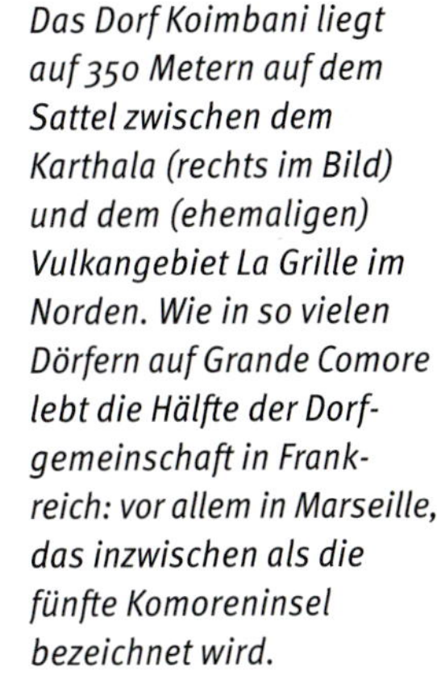

Das Dorf Koimbani liegt auf 350 Metern auf dem Sattel zwischen dem Karthala (rechts im Bild) und dem (ehemaligen) Vulkangebiet La Grille im Norden. Wie in so vielen Dörfern auf Grande Comore lebt die Hälfte der Dorfgemeinschaft in Frankreich: vor allem in Marseille, das inzwischen als die fünfte Komoreninsel bezeichnet wird.

Mehr als eine Heirat – Grand Mariage

Von klein auf fühlt sich ein Mann seiner Altersgruppe zugehörig. Gemeinsam durchleben sie ihre Lebensabschnitte und nehmen an jenen ihrer Altersgruppe teil. Krönung und ebenso soziale Verpflichtung ist die Grand Mariage (Große Heirat), die oft erst in hohem Alter durchgeführt wird. Dieses Lebensereignis ist ein sozialer Statuswechsel von einem gewöhnlichen Mann zu einem Mann mit Rang und Würde.

Auch jene, die in Frankreich leben, können sich dem Sozialdruck nicht entziehen, sonst würden sie in ihrem Heimatdorf sozial geächtet und gemieden. Viele der „Je viens" nutzen ihren Urlaub dazu, endlich ihre Grand Mariage zu machen. Konkret verläuft eine Grand Mariage so, dass ein Mann eine Frau heiratet und sie dabei so viel wie möglich beschenkt, sowie er auch seine Altersklasse, seine Verwandten, sein Dorf reich beschenken muss. Dazu muss er bei seinen Freunden Kredite aufnehmen, die er dann seinerseits bei den Heiraten seiner Freunde wieder zurückbezahlt. Eine Grand Mariage kostet schnell den Gegenwert von ein, zwei oder mehr Allradfahrzeugen. Es geht um Gold, um unzählige Geschenke und um tagelange Verköstigung von hunderten von Menschen. Aber es ist das markante Ereignis im Leben eines Mannes. Erst danach fühlt er sich richtig als Mann.

Umverteilung von Reichtum

Die Grand Mariage ist eigentlich eine Falschbezeichnung, denn die Komorer reden von „anda", was Sitte oder Brauch bedeutet. Der Mann kann, muss aber nicht, eine Frau heiraten, mit der er bereits im Rahmen der „kleinen Heirat" zusammen ist und schon Kinder hat. Er kann auch mit einer fremden Frau die Grand Mariage feiern, ohne die Absicht zu haben, mit ihr dann zusammenzubleiben. Die Grand Mariage betrifft weniger die persönlichen Gefühle der Beteiligten, sondern mehr das Verhältnis zwischen Familien und Clans. Und es geht um Umverteilung von Reichtum.

Die Grand Mariage wird auf Grande Comore überschwänglich und in vielen Etappen gefeiert und sieht in jedem Dorf etwas anders aus. Auf den anderen Inseln wird sie – abgeschwächt – ebenfalls veranstaltet. Die Abläufe sind ritualisiert. Erst wird das Datum festgelegt, oft und im Fall eines „Je viens" sowieso, Jahre im Voraus. Die Familie der Braut lädt zum gemeinsamen Essen ein, wobei Männer und Frauen immer getrennt sind. Die Männer ziehen in langsamsten Tanzschritten zu Tambouren und Trommelmusik durch die Gassen und schwingen ihre Stöcke in choreografischer Manier. Die bunt gekleideten und geschmückten Frauen tanzen in wildem Gewirr durch die Gassen, jauchzend und schrille Begeisterungsrufe ausstoßend. Ein wichtiger Moment ist, wenn Freunde und Familie den wie einen Sultan in goldverzierten schwarzen Mantel gekleideten Bräutigam abholen und in langer Prozession zum Haus der Braut begleiten. Mit dabei und öffentlich gezeigt wird der üppige Goldschmuck, traditionellerweise auf ein schwarzes Samtschild gesteckt. Dort trifft der Bräutigam (früher zumindest) erstmals auf seine Braut und bleibt dann neun Tage im Haus mit ihr eingeschlossen. Immer wieder werden sie von Familie und Freunden besucht, beschenkt, während draußen im Hof bei Musik und Tanz Essen in Hülle und Fülle serviert wird. Nach neun Tagen dürfen die Verheirateten dann nach draußen, die Brautgabe wird offiziell überreicht. All diese Feierlichkeiten sind untermalt mit dauernden Bargeldgaben, wobei aufgeschrieben wird, wer wem was gibt, sodass bei einer nächsten Grand Mariage der Rückfluss klar ist.

Respekt und Achtung

Danach ist der Mann ein Mann. Dies erreicht er oft – einzig aus Geldmangel – erst in hohem Alter. Stolz trägt er fortan eine verzierte Schärpe über den Schultern und einen geschnitzten Spazierstock. Am Hauptplatz des Dorfes hat sein Wort Gewicht. Respekt und Achtung ist ihm sicher. Er hat das höchste Stadium erreicht, das ein komorischer Mann erreichen kann. Auch die Frau gewinnt an Status und steigt im Ansehen. Ihr Rat ist nun gefragt, ihre Meinung wichtig. Sie gilt fortan als reife Person, der man zuhören muss, wenn sie etwas sagt oder befiehlt.

Ein Ökonom bedauert die gewaltigen Investitionen in vergängliche Ehre und die Immobilisierung von Gold in Schmuck. Ein Ethnologe weist auf die integrativen Kräfte hin, die durch diese Rituale freigesetzt werden. Der Historiker unterstreicht die persisch-islamische Kompo-

Links: Die Braut einer Grand Mariage in Anjouan ist herausgeputzt und geschminkt, ebenso wie ihre weiblichen Verwandten und Freundinnen. Die tagelangen Festlichkeiten bilden den Höhepunkt im Leben einer komorischen Frau, denn sie gewinnt Ansehen und Anerkennung.

Oben: Stundenlang wird mit lauter Musik und Tanz gefeiert. Frauenabend in Ouani (Anjouan) à la Comorienne. Die Zuschauerinnen kommen mit Geschenken und werden großzügig bewirtet.

nente der Feste gegenüber dem althergebrachten Matriarchat der komorischen Gesellschaft. Der Soziologe stellt den höheren Sozialstatus eines Mannes fest, der dank Geld in die Klasse der Noblen aufsteigen kann. Der normale Besucher bestaunt die orientalisch-inspirierten ritualisierten Gesänge und Tänze und ist erstaunt, wie willkommen er dabei ist.

Kleine Bilder rechts, von oben nach unten: *Auch die Männer feiern unter sich wie hier in Moutsamoudou (Anjouan). Der Bräutigam in Sultansrobe und girlandengeschmückt wird von einem „Trauzeugen" begleitet. Musik und Lobpreisungen ergießen sich stundenlang über den Bräutigam.*

Die Brautgabe ist das Kernstück der Grand Mariage. Sie besteht aus fein verarbeitetem und extra hergestelltem Goldschmuck und wird von der Frau sorgfältig aufbewahrt. Der kostbare Familienschmuck wird auch in Notzeiten nicht verhökert.

Die Grand Mariage dauert mehrere Tage nach festgelegtem Ritual und alle wollen verköstigt werden. Im Hinterhof arbeiten unzählige Hände, um das Essen vorzubereiten.

Der Reis-Kokos-Gewürzkuchen namens Goudrougodrou ist ein typisch komorisches Gebäck und wird sehr geschätzt. Er fehlt an keiner Grand Mariage, so wenig wie auch das Fleisch im Vordergrund.

Rechts:
In meditativer Langsamkeit bewegt sich der Zug der reifen Männer durch die Gassen zu Musik von Tambour und Trommel. Der Stocktanz ist ein essentieller Teil der Grand Mariage. Die Männer huldigen dem Brautpaar oder eher dem Bräutigam durch ihre zeremonielle Präsenz.

Unten:
Während so gut wie allen Phasen der Grand Mariage feiern Männer und Frauen getrennt. Einzig Fotografen sind heutzutage zugelassen, modernité oblige. Alle Etappen werden bildlich festgehalten und später stolz vorgeführt. So nehmen auch die verhinderten Verwandten in Frankreich am Ereignis teil, zuweilen dank live-gesendeten Videoaufnahmen.

Oben:
Die zahlreichen Geschenkübergaben sind immer öffentlich. Die Mitglieder einer Frauengruppe sind auf dem Weg durch das Dorf, um ihre Gabe der Braut zu überreichen.

Links:
Stocktanz mitten im Dorf Mbéni (Grande Comore). Der kontemplative Tanz der Männer wird manchmal unterbrochen durch leidenschaftlich jubelnde Frauen, die einzelnen Herren mit Geldscheinen wie mit einem Fächer frische Luft zuwedeln und ihnen dann das Geld überreichen.

Rechte Seite:
Die Küche zuhause. Kochen ist für die weiblichen Familienangehörigen eine Gemeinschaftsaktivität mit wenig festgelegter Aufgabenverteilung. Jede macht das, was in dem Moment gemacht werden muss. Das Brot wird vor der Mahlzeit frisch gebacken.

Typische Familienmahlzeit: Fladenbrot (Foutra), in Wasser gekochtes und dann leicht mit Öl angebratenes Fleisch (Ntibé) und lauwarmes Tomaten-Zwiebel-Gemüse. Man isst mit der Hand, indem man ein Stück Brot sandwichartig mit Fleisch und Tomate füllt. Die Mahlzeit selber wird auch Foutra genannt.

Ein Abend in einer komorischen Familie. Das Haus ist unfertig, aber das stört weder Mutter noch die Kinder. Die Frau ist Hausherrin und Besitzerin des Gebäudes.

Seite 64/65:
Strand in Ndroundé im Nordosten von Grande Comore. Hier befindet sich mit der Schildkröteninsel die einzige kleine Insel vor Grande Comore, die aber eher eine Landzunge ist, zu der man bei Ebbe hinauswandern kann. Ein Seegrasteppich lockt Meeresschildkröten an.

Oben:
Die Drachenzähne von Goulaivouani im Nordosten Grande Comores sind alte Vulkanreste, nehmen aber in der Volksmythologie eine eigene Rolle ein. Wie das Skelett eines müden Drachen strecken sie sich in den Indischen Ozean hinein.

Rechts:
Der Große Vasapapagei (Coracopsis vasa) liebt bewaldete Gebiete und kommt seltsamerweise auf den drei Inseln der Republik, nicht aber auf Mayotte vor. Hingegen ist er auch auf Madagaskar heimisch. Der grauschwarze, armlange Vogel lebt in Schwärmen. Die vier Unterarten sind nicht genau bestimmt.

Links:
Lac Niamawi im Norden von Grande Comore ist ein Kratersee mit Salzwasser. Er soll, laut Lokallegende, immens tief sein und viele Sagen umkreisen den Ort in unmittelbarer Meeresnähe. Vor der Eruption eines Vulkans im 16. Jahrhundert soll an dieser Stelle ein Dorf gewesen sein. Es gibt auf Grande Comore keinen Süßwassersee.

Ganz links oben:
Auf den Tropeninseln wachsen etliche Früchtearten, so auch Mandarinen. Das tropische Klima mit verschiedenen Höhenlagen begünstigt das Wachstum, insbesondere um den regenreichen Vulkankörper des Karthala.

Ganz links unten:
Die Purgiernuss (Jatropha curcas) wird seit jeher zu Lampenöl gepresst. Weltweit ist die Jatropha in den Fokus geraten als Biotreibstoff wie auch als Heilpflanze. Jatropha-Plantagen gibt es auf den Komoren aber keine.

Links:
Die kleine, aber feine Produktion von Kakao ist ein Geheimtipp. Die Kakaofrucht kam mit Seefahrern aus Südamerika auf die Komoren und fand hier ein ideales Biotop.

Karthala – Bauchnabel der Erde

Wer im internationalen Flughafen Hahaia aus dem Gebäude tritt, sieht zu seiner rechten einen sanften runden Hügelrücken. Der gewaltige Karthala erscheint entlang seines Saums bescheiden und harmlos. Auch von der Hauptstadt Moroni ist der Vulkan nicht zu erahnen. Oft umwölkt seine Stirn ein Band aus weißen Wolken. Der Karthala bedeckt quasi die ganze Breite der südlichen Inselhälfte von Grande Comore. Seine runden Schultern reichen von schwarzgefärbten Lavagesteinen im Westen bis zu den schroffen Meeresstränden im Osten. Er sitzt da wie ein allmächtiger Feuergott, der hoch oben seine Feuerstelle in den Wolken versteckt.

Dabei ist der Vulkan, wie weltweit viele seiner Familie, unberechenbar. Hier und dort pufft er schweflige Gase aus und jede Generation kann von wütenden Ausbrüchen erzählen. Spuren davon sind deutlich in die Landschaft markiert: Lange Gesteinsflüsse erzählen stumm die Geschichte von Lavaströmen, die wie Vulkantränen vom Krater bis hin zum Meer flossen.

Mondlandschaft

Der Karthala ist der jüngste der vielen Komorenvulkane. Er erhebt sich auf 2362 Meter über dem Meer und jeder geologische Seufzer des Vulkans ändert die Höhenangabe um ein paar Meter. Trotzdem ist er der höchste der Komorenberge. Er verfügt über einen Schlund von acht auf vier Kilometern: die größte Caldera aller Vulkane weltweit. Dieses ungeheuerlich große Erdenloch fällt steil hinab in eine Ebene im Krater, die ihrerseits von einem weiteren, noch tieferen Schlund durchlöchert ist. Dort befand sich seit dem letzten Ausbruch 1991 ein giftgrüner See, oft eingehüllt in einen gelbweißen Schleier aus vulkanischem Schwefelatem. Beim letzten Ausbruch 2005 pustete der zornige Feuerberg diesen See einfach weg. Nun ist nur noch reine Geologie zu sehen. Gesteine in allen Farben, Felsenbänder in unzähligen Schattierungen. Sogar der Wind tönt einsam, wenn er durch diese Mondlandschaft fährt.

Eine Wanderung hoch zum Vulkan ist kein Spaziergang. Während Moroni ganzjährig in eine warme Decke gehüllt ist, ist es auf 400 Höhenmetern am Ausgangspunkt der Wanderung frühmorgens frisch. Tägliche Fußmärsche der Dorfbevölkerung hoch zu den Pflanzfeldern haben die Naturpfade geformt. Oft ist es hier regnerisch und somit glitschig und morastig. Trotzdem braucht man weder Seil noch Kletterkünste.

Auf 1000 Meter über dem Meer befinden sich Parzellen mit Maniok, Taro und Zuckerrohr. Später dann durchquert man einen Wald mit Farnen und moosbewachsenen Bäumen. Die Baummoose hängen wie verwegene Bärte an den Stämmen. Alles in unzählige grüne Pastelltöne gehüllt. Vögel rufen durch das Baumgewirr und hier und dort zischt eine Echse ins Unterholz, gestört bei ihrem wärmenden Sonnenbad.

Wie ein Mantel umhüllen die Waldgebiete die Schultern des Vulkans. Auf 1500 Metern dann die Baumgrenze und darüber nur noch Gebüsch und freie Grasflächen. Es sind weitflächige Almweiden mit robusten Zeburindern. Von hier sieht man hinunter aufs diesige Meer und in einen dunstverschwommenen Horizont, der die Grenze zwischen Meer und Himmel aufhebt. Plötzlich dann ein direkter Blick auf die Küste und sogar auf Moroni, das sich ganz bescheiden an den Meeresrand drückt.

Vom Vulkan hat man bislang noch nichts gesehen. Die Wege sind zwar steil und von schwarzem Lavagestein gesäumt. Erdlöcher wie Minenfelder zeugen von eingestürzten Lavahöhlen. Man sieht auch keine zischenden Geysire, denn der Karthala hat keine. Er versteckt sich ganz weit oben und nur kurz vor dem Kraterrand ist seine Dimension sichtbar. Aber dann am schroffen Schlund zu stehen, unvermittelt und atemlos, ist ein eindrückliches Erlebnis. Ein unermesslich großes Loch reicht weit und tief. Ehrfürchtig steigt man hinunter auf eine Ebene aus Sand und kleinen Steinen, wissend, dass nicht weit darunter die Erde kocht. Man hat sogar den Eindruck, der Boden federe leicht und man bewege sich wie auf einer Gesteinsmatratze. Der Weg führt durch die wüstenartige Ebene und dann steht man erneut vor einem Erdenloch, das in seiner Ausdehnung den Atem stocken lässt.

Rotfließende Lava und kochendes Gestein sieht man nicht. Der Karthala ruht sich derzeit aus. Niemand ahnt, wann er sich erneut aufbäumt und seine dünne Gesteinskappe gegen den Himmel schleudert und sich seine Lavaadern durch die Wälder seiner Flanken fressen. Die letzten Ausbrüche streuten Asche über die ganze südliche Insel, und Moroni war wie mit

Links: *Die Wanderung zum Karthala durchquert verschiedene Vegetationsstufen. Die mittlere Höhenstufe erhält regelmäßig Regen und lässt an Bäumen Moosbärte wachsen. Die Wälder gleichen verzauberten, manchmal unwirklich erscheinenden Grünlandschaften.*

Oben: *Im inneren Krater des Karthala befand sich bis vor wenigen Jahren ein giftgrüner See, der aber bei einer Eruption weggepustet wurde. Derzeit ist das riesige Loch ruhig.*

einem Trauermantel von grauer Asche bedeckt. Die Menschen schützten sich mit Gesichtsmasken und lebten in Angst, dass der rasende Vulkan sie einmauern könnte wie er es früher mit anderen Siedlungen bereits getan hatte. Doch der Vulkan beruhigte sich und zog sich zurück in einen ruhigen Schlaf. Aber er wird wieder aufwachen. Am Rand dieses Schlundes blickt man direkt hinein in den Bauchnabel der Erde und kann anhand der Felsenbänder nur erahnen, welche ungeheuren Kräfte es sind, die diese Gesteinsmassen zu formen vermögen.

Rechts oben:
Auf dem Weg hin zum Karthala eröffnen sich weite Blicke auf Moroni und zum bewaldeten Vulkankegel von Ikoni. Auf dieser Höhe, rund 2000 Meter über dem Meer, wächst tundraartige Philippia-Heide. Hier oben über der Waldgrenze weiden keine Rinder mehr.

Rechts Mitte:
Buschbewuchs auf den Flächen des Karthala. An den Hängen des Vulkans nur selten zu beobachten ist die sehr gefährdete Komoren-Zwergohreule (Otus pauliani). Der endemische Karthalabrillenvogel (Zosterops mouroniensis) hingegen mit seinem dominanten weißen Augenring ist – obwohl auch gefährdet – oft zu sehen, die Vulkanausbrüche haben seinen Lebensraum allerdings massiv eingeschränkt.

Rechts:
So lebensfeindlich die Lavasteinwüsten des Karthala wirken – manche Pflanze wagt sich dennoch hervor.

__Linke Seite:__
Die unteren Hänge des Karthala werden landwirtschaftlich in Kleinparzellen genutzt. Es führt keine Straße hinauf und auf Grande Comore gibt es keine Esel als Tragtiere. Die Ernte und auch weiter oben das Brennholz müssen mühsam durch Menschenkraft abtransportiert werden.

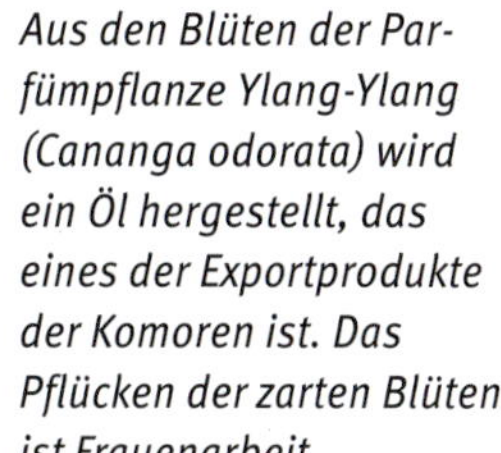

Aus den Blüten der Parfümpflanze Ylang-Ylang (Cananga odorata) wird ein Öl hergestellt, das eines der Exportprodukte der Komoren ist. Das Pflücken der zarten Blüten ist Frauenarbeit.

Die Pflückerinnen werden nach dem Gewicht der gesammelten Blüten bezahlt. Die Ernte wird sofort in die Destillerie gefahren und in Wasserdampf erhitzt. Aus den Blüten wird in einem vielstündigen Prozess ätherisches Öl destilliert. 100 Kilogramm ergeben zwei Liter Öl in fünf verschiedenen Qualitäten. Das wohlriechende Öl wird als Trägerstoff für unzählige Parfüms benutzt.

Rechts:
Beim Salon de l'Artisanat in Itsandra zeigen kreative Leute ihre Produkte zwischen Handwerk und Kunst. Die in unzähligen Arbeitsstunden mit primitiven Mitteln hergestellten Produkte sind oft von erstaunlicher Raffinesse. Nur: Es fehlt der Markt.

Ganz rechts:
Viele Frauen sind als Heimschneiderinnen tätig, einige davon versuchen sich mit etwas anderen Schnittmustern und Farben. Die einmal im Jahr organisierte Ausstellung mit Kunsthandwerk gibt ihnen die Möglichkeit, ihre Produkte und Fähigkeiten zu zeigen.

Rechts:
Holzschnitzerei hat eine lange swahilisch-arabische Tradition, auch auf den Komoren. Der Holzkünstler arbeitet mit einem Schweizer Messer und der Geduld eines Engels an einem Stück filigraner Schnitzkunst.

Ganz rechts:
Kreativität kennt keine Grenzen, auch nicht beim Upcycling. Mit ihrer handbetriebenen Nähmaschine Marke Singer erstellt diese Schneiderin attraktive Taschen und hofft auf Kundschaft.

Ganz links:
Über die Hälfte der Bevölkerung ist unter 20 Jahre alt. Problem der Jugend: Arbeitslosigkeit und die Versprechungen der Internetwelt. Viele junge Leute träumen davon, nach Frankreich auszuwandern oder zumindest ins französische Mayotte.

Links:
Jeder Fischer wünscht sich diesen Beutezug. Der Fischverkäufer zeigt stolz seine Produkte des Tages. Fisch und Meerestiere gehören nach wie vor zu den Grundnahrungsmitteln auf den Komoren.

Ganz links:
Drei Mädchen, eine Familie. Ihre Eltern sind sich bewusst, dass ihnen nur eine gute Schulausbildung eine Zukunft ermöglichen wird. Auf ihrem Lebensweg müssen sie fortan die Balance finden zwischen Tradition und Moderne.

Links:
Technische Hilfsmittel im Haushalt sind außerhalb einer kleinen städtischen Schicht nicht vorhanden. Die Arbeit wird von der (Groß-)Familie erledigt und oft stehen Haushaltshilfen zur Seite. Vielerorts sind dies Verwandte, die für Kost und Logis arbeiten.

Das Naturparadies Mohéli

Seit Jahrhunderten beobachtet der Baobab (Affenbrotbaum) an der Küste von Mohéli, wie Männer mit Booten hinausfahren und mit Fischen zurückkehren. Die kleinste der Komoreninseln ist ringsum von einem Korallenriff geschützt. Im Süden erstreckt sich eine riesige Lagune, die kaum mehr als 100 Meter tief ist. Der Tidenhub beträgt bis zu vier Meter. Die rund 300 Fischer der Insel kennen ihr Einsatzgebiet sehr genau. Das Fischerhandwerk wird von Vater zum Sohn übertragen.

Mohéli ist mit 290 Kilometern die kleinste der Komoreninseln. Sie ist nur etwa 50 Kilometer lang und wird ihrer Länge nach von einem erloschenen Vulkangebirge durchzogen. Die Insel ist fast durchwegs bewaldet und auf den freien Flächen wird – dank der fruchtbaren Vulkanböden – intensiv Landwirtschaft betrieben. Mohéli ist quasi das Naturparadies der Komoren. Die nur wenige zehntausend Menschen zählende Bevölkerung lebt auf bescheidenem Niveau. Die Häuser sind oft aus Lehm errichtet und mit Palmwedeln bedeckt. Dies gibt einen sehr madagassischen Eindruck. Tatsächlich hat das Eiland starke Bezüge zu Madagaskar.

Die letzte Sultansfamilie stammte im 19. Jahrhundert aus Madagaskar. Heute noch ist die Mehrheit der Händlerinnen auf den Märkten Madagassinnen. Sie leben davon, Produkte aus Madagaskar herzutransportieren und zu verkaufen. Das mögen Tomaten sein oder Zwiebeln, Handwerksartikel oder Medikamente. So flott wie früher läuft das nicht mehr. China drängt sich als Handelspartner auf. Gerade auch für billige Waren. Früher fuhren unternehmungslustige Leute mit Schiffen sogar bis nach Zanzibar, um dort einzukaufen und ihre Ware dann reichbeladen nach Mohéli zu bringen. Doch diese mehrwöchigen Einkaufstouren finden immer seltener statt.

Gegenüber Grande Comore ist Mohéli die ruhigere, die beschaulichere Insel. Sofort fällt auf, dass Mohéli Bäche hat, die leise plätschernd durch lauschige Wälder fließen. Es gibt sogar ein paar Wasserfälle von bis zu zehn Metern Höhe. Ebenso fällt auf, dass auf Mohéli Esel leben, denn auf Grande Comore gibt es keine. Die Grautiere scheinen sich auf Mohéli wohl zu fühlen, wie auch die kleinwüchsigen Zeburinder.

Oben:
Viele der Marktfrauen in Fomboni, der Hauptstadt von Mohéli, stammen aus Madagaskar, ebenso wie oftmals das Gemüse und die Früchte. Mohéli hat eine jahrhundertealte gemeinsame Geschichte mit Madagaskar.

Rechts:
Wer seine Verpflichtungen innerhalb der Gemeinschaft nicht einhält, wird öffentlich beschämt, indem andere sein Fest ausrichten. Der soziale Druck lastet oft schwer auf den Einzelmenschen – und auf ihren finanziellen Möglichkeiten. So wie hier in Nioumachoua an der Südküste von Mohéli.

Links:
Ausgeschlossen vom Gemeinschaftsfest muss die beschämte Partei hinter dem Holzgatter zusehen, wie ein Rind geopfert wird. Das Fest in Nioumachoua bewirkt auch eine Umverteilung von Besitz.

Ganz links:
Mutige Männer stellen sich dem Zeburind verwegen entgegen. Die Corrida à la Comorienne ist mehr Spiel als Mutprobe. Am Fest in Nioumachoua wird der Stier nicht im Kampf verletzt oder zu Tode gehetzt. Er wird aber danach „halal" geschlachtet und das Fleisch unter den Quartierbewohnern aufgeteilt.

Links:
Fußball ist das universelle Spiel aller Jungs und auch der Junge auf Mohéli träumt davon, in der Nationalmannschaft zu spielen. Diese nennt sich Cœlacanthes (Quastenflosser) und ist in den afrikanischen Ligen kein sehr gefürchteter Gegner. Aber mehrere komorische Fußballer spielen international, vor allem in Frankreich.

Rechts:
Der Flughafen von Fomboni verfügt über eine 1300 Meter lange asphaltierte Landebahn und kann nur von Kleinflugzeugen bedient werden. Das Restaurant im Flughafen ist eher ein magerer Verkaufsladen von importierten Softgetränken. Stolz eines jeden jungen Mannes auf Mohéli ist ein Motorrad, meist „made in China".

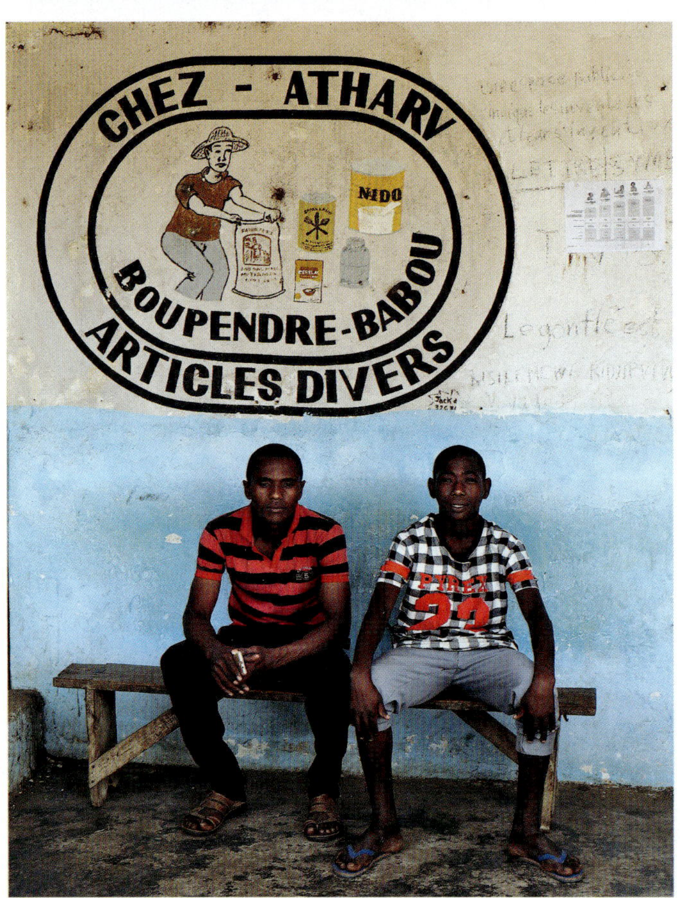

Rechts:
Der Laden in Fomboni verkauft Waren, die wie in alten Zeiten mit kleinen Schiffen angeliefert werden. Viele der Läden sind eher Handelskontore im traditionellen Stil: Sie kaufen und verkaufen, was gerade erhältlich ist. Die neu angekommenen Artikel werden jeweils auf einer Schreibtafel mit „nouveaux arrivages" angepriesen.

Ganz rechts:
Nach alter Tradition und mit ausgewählten Hölzern fertigt der Pirogenhersteller sein Boot. Dabei nutzt er die harte Haut einer Fischart als Feile. Auf Mohéli gibt es immer noch weit mehr traditionelle Holzboote (Galawa) als motorbetriebene Fiberglasboote.

Die Geschäfte in Fomboni, der Hauptstadt von Mohéli, sind bescheiden wie die Insel selber auch. Der Laden verkauft fertige Kleider und Stoffe aus Indien. Sie werden von indischen Zwischenhändlern in Moroni eingeführt.

Der Hafen von Fomboni ist so schläfrig wie die Insel. Der Katamaran namens Ngazidja (Grande Comore) wartet auf seinen nächsten Einsatz. Einen regulären Bootsverkehr gibt es nicht. Obwohl die Hauptinsel Grande Comore in Sichtweite liegt, sind Schiffsunglücke häufig, meist aber die einzige Transportmöglichkeit für die Leute. Flüge sind teuer und der Flugplan unzuverlässig.

__Linke Seite:__
Der Papaya-Baum genießt die Abendstimmung in Ouallah. Wie überall in den Tropen gibt es keine lange Abenddämmerung. Dafür schwirren hier im Süden von Mohéli Schwärme von Fledermäusen auf der Suche nach Futter umher.

Auf Mohéli sind die Häuser bescheiden und selbst gemacht aus lokalen Materialien. Wellblech ist ein Zeichen der Moderne und wird gegenüber dem traditionellen Palmfaserdach bevorzugt. Der Baustil orientiert sich sehr an Madagaskar, woher viele der Vorfahren kamen.

In der Morgendämmerung verlässt die Grüne Schildkröte (Chelonia mydas) den Strand und zieht wieder hinaus zu ihren Futterplätzen. Die Tiere leben eher solitär und sind die einzigen Meeresschildkröten, die auch an Land kommen, um sich aufzuwärmen.

Jeden Morgen zeugen die Spuren im Sand von den nächtlichen Besuchen der Schildkröten. Itsamia nennt sich „das Schildkrötendorf" und auf den fünf Sandstränden kommen jährlich um die 2500 Weibchen zur Eiablage. Ein Drittel wird von Fleischjägern getötet. Die Leute auf Mohéli essen traditionellerweise kein Schildkrötenfleisch, weil das Tier sowohl dem Wasser als auch dem Land zugehörig ist und im Islam als „haram" (tabu) gilt.

Die Schildkröte schleppt sich zum Legeplatz, wo sie die ganze Nacht durch ein Loch gräbt, ihre über 100 golfballgroßen Eier legt und wieder zuschaufelt. Zwei Monate später schlüpfen die kinderfaustgroßen Jungtiere und watscheln sofort zum Wasser. Ausgewachsene Schildkröten können 200 Kilogramm und mehr wiegen und so alt wie Menschen werden.

Zeitvertreib mit schnell eingerichteten Spielen. Ein paar Steine und das Spiel beginnt. Kombinationsspiele wie das Strategiespiel Mraha oder das Legespiel Domino sind sehr beliebt. Sehr oft sieht man eine Gruppe von Männern, die sich in geselligem Beisammensein mit einem Spiel vergnügen. Nie sieht man öffentlich spielende Frauen.

Galawa ist ein Holzboot mit seitlichem, stabilisierendem Ausleger. Die Variante mit beidseitigen Schwimmkörpern ist die bevorzugte Version auf den Komoren. Sie werden gepaddelt und nutzen gleichzeitig ein kleines Lateinersegel. Das dreieckige Segel ist oft nur behelfsmäßig aus Reissäcken mit Bastschnüren zusammengenäht. Diese Konstruktion geht auf die ersten Einwanderer aus Indonesien zurück, die vor 1500 Jahren in den westlichen Indischen Ozean gelangten.

Auf den Komoren leben sieben Fledertierarten. Dazu gehören die Komoren-Flughunde (Pteropus livingstonii) ebenso wie Arten mit vampirartigen Gesichtern. Am häufigsten zu beobachten ist die lokale Unterart des sehr reinlichen, grauroten Seychellen-Flughundes (Pteropus seychellensis comorensis).

Der Kleine Monarch (Danaus chrysippus) ist ein oft gesehener Schmetterling, der von einer anderen Art, Hypolimnas misippus, zur Tarnung gern nachgeahmt wird. Die Komoren sind ausgesprochen reich an Tag- und Nachtfaltern, auch an endemischen Arten. Teilweise, so wie der Henotesia comorana kommen sie nur auf einzelnen Inseln vor und auch dort nur in günstigen lokalen Lagen.

Oben:
Die grüne Naturinsel Mohéli beherbergt Anbauflächen für Ylang-Ylang, aber auch Pflanzflächen für Reis und Maniok, Yams und Taro. Kokospalmen und Bananenstauden finden sich überall und das spiegelt sich in der Gastronomie.

Links:
Auf den Komoren gibt es keine Krokodile, aber Chamäleons, Skinke, Geckos und eine aus Kontinentalafrika eingeführte Agamen-Art. Häufig zu sehen sind die Skinke (Mabuya comorensis), wenn sie sich am Morgen sonnen und dann raschelnd im Laub verschwinden – hier ein Trachylepis comorensis.

Komorische Kulinaria

So gut wie überall wachsen auf den Inseln der Komoren Bananen. Einerseits die süßen Varianten, andererseits die grüne Kochbanane, die ein wichtiges Grundnahrungsmittel auf den Komoren ist. Das Gemüse ist – wie die Kartoffel – sehr vielfältig einzusetzen. Gekocht, frittiert, gebacken, zerstampft: die Ndrovi (Kochbanane) schmeckt immer.
Doch die Komorer sind keine Vegetarier. Sie essen gern Fleisch und natürlich auch Fisch. Der Großteil der Menschen lebt in direkter Küstennähe und somit finden sich jeden Tag frische Fische auf dem Markt. Die Fleischspeisen bestehen aus Huhn, Rind, Ziegen, seltener Schaf.

Ntzuzi und Niébé

Reis ist hoch angesehen und wird gern gegessen. Viele Zubereitungsarten nutzen Knollengemüse wie Maniok, Süßkartoffel, Yams und Taro. Ebenso Jackfruit und Brotfrucht. Königin der lokalen Nahrung ist Ntzuzi, eine Strauchererbse (*Cajanus cajan*), die auf den Komoren hochgeschätzt ist. Andere Arten dieser Erbse werden „das Fleisch des armen Mannes" genannt, weil die Hülsenfrucht sehr proteinhaltig ist. Auf den Komoren wachsen die Ntzuzi auch in verwilderter Form entlang den Hängen. Es gibt sie nicht das ganze Jahr durch. Aber wenn, dann werden daraus – von Juni bis August – ganz herrliche Speisen zubereitet, auch mit Kokosmilch. Die Erbse macht es einem nicht leicht. Die sechs Erbsen müssen erst in mühsamer Handarbeit aus der Hülse befreit werden. Ntzuzi an Kokossauce kann sogar als Nationalgericht bezeichnet werden. Die Komorerinnen kennen aber auch herrliche Rezepte für Niébé (Augenbohnen, *Vigna unguiculata*).
Die Bauern pflanzen auf ihren oft kleinzelligen Feldern in der Regel vier Leguminosen an: Ntzuzi, Bohnen, Niébé und Erdnüsse. Salat ist wenig verbreitet, Tomaten werden gern auch roh gegessen, meist aber in eine Speise eingekocht.
Eine komorische Spezialität ist ein dunkelbrauner, manchmal gelbweißer Reiskuchen, Mkatra Goudrougodrou genannt. Der mit viel Gewürzen und karamellisiertem Zucker versehene Kuchen soll seinen Namen von einem Engländer erhalten haben, der das mit viel Kardamom versehene Gebäck probierte und „good-good" sagte. Für einen kleinen Nebenverdienst backen viele Frauen Shihondro und lassen sie durch ihre Kinder verkaufen. Shihondro sind Getreideriegel aus Sesam, Erdnüssen, Ingwer und Zucker. Diese sehr süßen Knabbereien werden gern zwischendurch konsumiert.

Einflüsse aus anderen Regionen

Natürlich haben Einwanderer aus anderen Regionen ihre Gerichte mitgebracht. So finden sich madagassische Einflüsse mit Romazava (Gemüse-Fleisch-Eintopf) und mit Rougail (Tomaten-Zwiebel-Salat). Madaba sind gestampfte Maniokblätter, die mit Kokosmilch gekocht spinatartig zu Fleisch und Reis gegessen werden. Die Inder, die sich in kleinen Zahlen, aber oft mit Familie, in den wenigen Städten als Händler niedergelassen haben, haben Biryani, Pilaf und Curry mitgebracht. Europäische Einflüsse gibt es ebenso. Pommes frites bis hin zu Sandwich und Pizza. Das französische Baguette hat auch auf den Komoren Eingang in die tägliche Kulinarik gefunden. Aber noch immer werden kleine, runde Brotfladen, Mardouf genannt, selber gebacken. Traditionellerweise isst man mit der Hand. Mit dem weichen Brot klemmt man ein Stück Fleisch ein und tunkt alles in die Sauce.
An jeder Straßenecke stehen kleine Grillstände, wo über einem offenen Feuerchen gebraten wird. Kleine Brochetten – Fleischstückchen aufgespießt an Bambusfasern – sind gern gegessene Snacks zwischendurch. Es gibt aber auch gebratene Fische oder einfach nur Maiskolben. Diese Essensstände werden oft von Frauen betrieben. In Moroni gibt es eine geringe Anzahl Restaurants, draußen in den Dörfern nicht. Die Leute essen mehrheitlich zu Hause.
Die Komoren müssen Nahrung importieren (vor allem Reis, Getreide, Fleisch, Milchpulver). Denn einerseits ist die Bevölkerung dramatisch gewachsen, andererseits sind die Fischgründe nicht mehr so ergiebig. Chinesische Trawler bedienen sich gern und oft entlang der komorischen Küsten. Aber auch die komorischen Fischer nutzen nun lieber engmaschigere Netze, um doch noch einen Fang zu ergattern. Aus Madagaskar wird Vieh importiert, die Zeburinder gelangen legal und manchmal auch illegal auf die Komoren. Für die großen Hochzeitsfeste werden lieber Watussirinder aus Tansania eingeführt, denn ihre wahrhaft riesigen Hörner werten jede Feierlichkeit dramatisch auf.

Links:
Stolz präsentiert der Koch seine Arbeit. Auch auf den Komoren wissen die Leute, dass das Auge mitisst. Besonders bei Süßigkeiten und Gebäck entstehen oft kunstvolle Leckereien.

Oben:
Die Küche eines kleinen Restaurants in Nioumachoua (Mohéli) ist eher rudimentär eingerichtet. Trotzdem bereitet dieser Familienbetrieb gute komorische Mahlzeiten zu, so etwa frittierte Kochbanane und gebratenes Hähnchen. Gekocht wird mit Holz.

Kleine Bilder rechts, von oben nach unten: *Gekochte Ntzuzi (Straucherbse) wie links im Bild untermalen jede komorische Mahlzeit mit einem himmlischen Geschmack. Reis wird auf den Komoren auch gern gegessen, mehr aber Kochbananen, Maniok und Süßkartoffeln.*

Mahlzeit in dem kleinen Restaurant in Nioumachoua auf Mohéli: frittierte Kochbananen und Brathähnchen, zubereitet in der Open-Air-Küche des großen Bildes.

Fladenbrot (Foutra) und gekochtes Fleisch (Ntibé), dazu Essbananen. Süßgetränke werden in allen Arten angeboten und gern getrunken. Frisch gepresste Fruchtsäfte sind selten zu haben. Bier und noch seltener Wein werden nur in wenigen Lokalen ausgeschenkt.

Der Einfluss der indischen Küche ist im ganzen Indischen Ozean spürbar, so auch an diesen Samboussa. Gebratene und mit Fleisch oder Gemüse gefüllte Teigtaschen. Für den köstlichen Dreiecksnack ist immer Zeit. Jede Köchin kennt ihre eigenen Rezepte und Zutaten.

Unten:
In Sichtweite von Itsamia erhebt sich die Felseninsel Chissioua Mchaco. Sie ist Brutplatz von hunderten von Maskentölpeln (Sula dactylatra), die lautstark ihre Brutplätze verteidigen. Die typisch tropischen Seevögel meiden menschliche Kontakte und finden sich insbesondere auf den kleinen Inseln südlich von Mohéli.

Ganz unten:
Die Vogelinsel Chissioua Mchaco liegt im 404 Quadratkilometer großen Meerespark Mohéli, der quasi die Südküste der Insel umfasst und fast doppelt so groß ist wie die Insel selber. Mit seinen Riffen und Seegrasweiden ist er auch Wohngebiet der sehr seltenen Dugong (Seekühe), von Delfinen, und er wird jedes Jahr von Juni bis September von Walen besucht. Die Region bietet ebenso Lebensraum für das lebende Fossil, den Quastenflosser.

Unten:
Von der ehemaligen Leprainsel Shissiwa sha Wenéfou aus streift der Blick zurück auf die Bergkulisse von Mohéli. Links im Bild das kleine Dorf Nioumachoua. Wie ein Rückgrat verläuft die stark bewaldete Bergkette quer durch Mohéli von Ost nach West. Die flachere Ostregion (rechts im Bild) ist geologisch älter und somit flacher und erodierter als der gebirgigere Westteil mit dem höchsten Punkt, dem Mont MZé Koukoulé mit 790 Metern.

Rechts:
Überreste von vergangenen Vulkaneruptionen durchbrechen die Wasseroberfläche. Der maritime Lebensraum ist ein natürliches Aquarium voll mit farbenprächtigen Tropenfischen. Ein Paradies für Taucher und Schnorchler. Dafür haben die Bootsleute weniger Interesse. Sie nutzen die Zeit, um zu fischen.

Ganz rechts:
Junge Frauen genießen den leisen Hauch des Südwindes, der aus den Weiten des Indischen Ozeans heranschleicht. Die Gesichtsmasken sind Zier und Sonnenschutz zugleich und werden aus Naturmaterialien selbst hergestellt.

Rechts:
Die Frau bereitet Mataba zu. Zuvor hat sie Kokosnüsse ausgeschabt mit der Raspel (genannt Kokosziege: m'bouzi ya nadzi), auf der sie jetzt sitzt. Die geraspelten Kokosstücke werden mit Wasser aufgekocht und gestampfte Maniokblätter dazugegeben. Dann auch Zwiebeln und Gewürze. Der Kochprozess mit niedriger Temperatur dauert so lange, bis der Kokos-Wasser-Sud verdampft ist. Daraus entsteht eine der verbreitetsten Mahlzeiten der Komoren: Mataba. Dies schmeckt wie Spinat an Kokos und wird mit Fisch und Reis gegessen.

Jeder Junge lernt schon früh, mit bloßen Füßen ungesichert zur Palmenkrone aufzusteigen. Die Besitzer der Bäume haben Einkerbungen in die verholzten Stämme geschlagen, um den Aufstieg zu erleichtern. Ein Teil der Kokosnüsse wird oft gleich vor Ort verzehrt, zusammen mit gerösteten Kochbananen. Der Verkauf der Kokosnüsse ist ein wichtiger Einkommenszweig für die Bauern.

Mohéli ist die grüne Naturinsel der Komoren. Die rund 50 000 Einwohner leben sehr autark von den Früchten ihrer Hände Arbeit. Für Schnellreisende ist Mohéli keine gute Destination. Die Leute geben sich den Stunden des Tages hin, ohne an den Druck von Resultaten zu denken.

Gebirgiges Anjouan

Anjouan ist mit 424 Quadratkilometern etwa ein Drittel so groß wie Grande Comore. Die gebirgige Insel bietet nur wenige Sandstrände. Sie werden unterbrochen durch erstarrte Lavaflüsse, die bis ins Meer reichen. Der Strand von Moya, geschützt durch ein Korallenriff, gilt als schönster Sandstrand von Anjouan.

Wie ein Dreieck sitzt Anjouan auf einem Lavarücken, der die Straße von Mosambik durchquert und die Komoreninseln unterseeisch verbindet. Die eine Spitze zeigt wie ein Stachel gegen Grande Comore und ist symbolisch zu interpretieren: Die beiden Inseln konnten es nie gut miteinander.

Die 424 Quadratmeter große Insel ist deutlich gebirgiger als die anderen. Daher lebt die Bevölkerung zumeist entlang der Meeresufer und in den Höhen nur dort, wo ein Zugang möglich ist. Das Innere der Insel, weil zu gebirgig, ist nicht bewohnt. Dafür öffnen sich dort gewaltige Blicke über bewaldete Schluchten hin zum stahlblauen Meer.

Moutsamoudou ist die Hauptstadt der Insel und ein Kleinstädtchen, das sich wie Moroni zwischen Hafen und Hügelhänge drückt. Auch Moutsamoudou ist sehr swahilisch-islamisch geprägt. Eine Burg dominiert die eng gebaute Stadt und das Hafengelände. Mit rund 40 000 Einwohnern ist die Stadt die größte hinter Moroni. Der Naturhafen, der einzige Tiefseehafen der Komorenrepublik, ist seit jeher eine Drehscheibe für Handel und Schifffahrt. Der Ort wurde erst vor 600 Jahren gegründet, doch Seefahrer nutzten den Hafen und seine durch die Gebirge geschützte Bucht seit alter Zeit. Auch Walfänger machten dort Station und Piraten sowieso.

Wie die anderen Komoreninseln auch, so kennt Anjouan zwei Jahreszeiten: einerseits die heiße Jahreszeit von Dezember bis April, wenn gleichzeitig Winde aus Norden die Regen des Monsuns bringen (Kash-kazy). Anjouan ist regenreicher als Grande Comore. Die kühlere Zeit dauert von Mai bis November, wenn ein leichter, aber frischer Wind aus Südosten weht (Koussy).

Die Insel ist sehr fruchtbar, vor allem an der Ostseite, und hier finden sich alle Produkte der Tropen: Ylang-Ylang, Vanille, Nelken, Kokos und Früchte aller Art.

STUDIO
SABA
GRAVEUR DVD VCD
IMPRESSION PHOTO
PLASTIFICATION SCANNER
TRANSFERT CREDIT

Linke Seite:
Altstadt von Moutsamoudou, der Hauptstadt von Anjouan. Freitagnachmittag sind die meisten Geschäfte geschlossen. Am Samstag dann einen halben Tag geöffnet und sonntags haben die Geschäfte, Banken und Büros zu.

Links:
Moutsamoudou quetscht sich zwischen Meer und Hügel. Dank eines besseren Naturhafens und den Handelsaktivitäten konnte sich die Stadt gegen das fromme Domoni als wichtigste Stadt Anjouans durchsetzen.

Seite 96/97:
Wie dieser Ort südlich von Domoni befinden sich die meisten Dörfer auf Anjouan in Meeresnähe. An dieser Küste verfängt sich alle paar Jahre ein Quastenflosser ins Netz. Die Fischer kannten den Fisch aus der Urzeit schon immer unter dem Namen Gombessa, schätzten aber dessen wachsartiges, fettes Fleisch nie. Erst seit sich die Wissenschaft für diesen Zeitgenossen der Dinosaurier interessiert, hat der Fisch auch einen Wert. Ein Fang gleicht nun einem Lottogewinn.

Links:
Traditionellerweise lässt man sich die Kleider schneidern. Das Schneideratelier in der Medina von Moutsamoudou wird von einer Frau geführt. Aus importierten Stoffbahnen entstehen Kleidungsstücke aller Art. Die Komoren haben weder Baumwolle noch eine Textilindustrie.

Oben:
Reich verzierte Holztüren geben der Altstadt von Domoni an der Ostküste von Anjouan ein sehr swahilisch-arabisches Aussehen. Arabisch, Swahili und Komorisch sind sich so ähnlich, dass die Leute miteinander sprechen können.

Rechts:
Die engen, schattigen Gassen der Altstadt von Domoni verstecken die großen Probleme der Stadt, ja der ganzen Insel: Es gibt kaum Arbeit.

Ganz rechts:
Die provisorischen Dächer der mehrstöckigen, zumeist unfertigen Häuser auf Anjouan sind auch Spielplatz der Kinder. Armierungseisen weisen bereits auf eine künftige Bauetappe hin.

Oben:
Domoni hat zwar mehr historisches Renommee als die Hauptstadt Moutsamoudou. Doch die Kleinstadt liegt im Abseits. Das Fernsehen zeigt das Leben, das sich in Sichtweite, keine 100 Kilometer entfernt, auf dem französischen Mayotte abspielt. Vor allem die Jugend zieht es dorthin.

Links:
Selbstbewusst gehen Frauen durch die Altstadt in Domoni. Die Mehrzahl der Frauen auf Anjouan trägt den Chiromani, das traditionelle Stofftuch. Dank des Hausbesitzes sind sie abgesichert. Auch im Wirtschaftsleben (Kleinhandel) spielen sie eine gewichtige Rolle.

Oben:
Moschee und Grab von Ahmed Abdallah Abderamane. Der gewiefte Geschäftsmann wurde Politiker, handelte die (einseitige) Unabhängigkeit der drei Komoreninseln aus und wurde 1975 ihr erster Staatschef. Söldner putschten ihn weg, brachten ihn wieder an die Macht und waren bei seiner Ermordung 1989 anwesend.

Rechts:
Gebetsraum in der Moschee des Mausoleums von Ahmed Abdallah Abderamane in Domoni. Die Quibla-Wand mit der Mihrab-Nische weist den Weg nach Mekka. Die dortige Kaaba liegt knapp 4000 Kilometer in nord-nordwestlicher Richtung entfernt.

Straßenszene in Domoni. Die Stadt ist bekannt für ihr Kunsthandwerk. Die geschnitzten Holztruhen und verzierten Türen sind sehr gefragt.

Der Chiromani ist das zweifarbige Grundkleidungsstück der Frau in Anjouan. Die Stoffbahn aus Baumwolle besteht aus sechs gleichen Mustern. Sie wird formlos um den Körper geschlungen, manchmal über den Kopf gezogen. Die Farbe Rot ist Symbol für Anjouan. Es gibt inzwischen Chiromani in vielen Farben und trotz Modeströmungen bleibt das Grundmuster beibehalten.

Seite 102/103: *Frauen suchen bei Ebbe im seichten Wasser nach Krabben und Fischen. Dies zumeist für den Eigenverbrauch. Kinder helfen oft mit, jedoch kaum je Männer.*

Rechts:
Mit der Pubertät verlassen die Söhne das Familienhaus und bauen sich Junggesellenhütten, in denen sie wohnen. Gegessen wird aber noch im Elternhaus. Diese Behelfsbauten, „vala" genannt, werden gern farbig dekoriert.

Rechts:
Mit viel Liebe und Aufmerksamkeit fertigt die Frau eine Kopfbedeckung und verziert sie mit feinen Stickereien. Die Kofia wird für jeden Mann individuell hergestellt. Die Motive sind traditionellerweise moslemisch inspirierte Muster und Koransprüche. Neuere Tendenzen scheuen sich nicht, Adidas oder andere Markennamen zu nutzen.

Ganz rechts:
Auf Märkten ist es üblich, die Produkte gleich in abgezählten Verkaufseinheiten darzubieten. Feilschen ist bei größeren Einkäufen üblich. Hier werden Bananen, Erdnüsse und Früchte des Kunazi (Ziziphus, Kreuzdorngewächs) verkauft.

Links:
Der Vater beginnt mit der Geburt seiner Tochter mit dem Hausbau für sie. Nachdem die Grundmauern gelegt sind, ruht der Hausbau oft sehr lange. Bei erneutem Baubeginn sind Veranda und Säule wichtig. Oft schaffen es die Väter nicht, zu Lebzeiten das Tochterhaus fertigzustellen.

Ganz links:
150 und mehr Vogelarten leben auf den Komoren. 13 davon sind endemisch wie die blaue Komoren-Fruchttaube (Alectroenas sganzini) oder der Komoren-Fody (Foudia eminentissima). Bei diesem Webervogel ändert sich die Kopf- und Brustfarbe des Männchens während der Paarungszeit in leuchtendes Rot.

Links:
Die tagaktiven Goldstaub-Taggeckos (Phelsuma laticauda) bilden die häufigste Art auf Mayotte und Anjouan. Die nur zwölf bis vierzehn Zentimeter langen Echsen lieben feuchtheiße Gebiete und finden sich oft an Waldrändern und in Pflanzungen.

Ylang-Ylang, Nelken und Vanille – Tropenlandwirtschaft

Die Inseln des Komorenarchipels sind vulkanischen Ursprungs, aber unterschiedlich alt. Auf der ältesten der Inseln, Mayotte im Osten, sind die Vulkangesteine zu fruchtbaren Feldern erodiert. Die jüngste der Inseln, Grande Comore im Westen, verfügt noch über so viel Lavagestein, dass das Wasser sofort versickert. Daher sind die Inseln Mayotte, Anjouan und Mohéli auch landwirtschaftlich nutzbar, Grande Comore hingegen nur bedingt. Die Bevölkerung lebt zumeist von Selbstversorgung in ruralen Gebieten. Trotzdem werden die Inseln und insbesondere Anjouan „Parfüminseln“ genannt.

Verantwortlich für diesen Namen ist der Ylang-Ylang-Baum, der auf den Komoren zu Kolonialzeiten aus Südostasien eingeführt wurde. Der an sich hochwachsende, dünnstämmige Baum wird auf zwei Metern Höhe so gestutzt, dass seine Äste wie schlaffe Arme herunterhängen und das Pflücken der Blüten erleichtern. Auf Anjouan, aber auch auf Grande Comore und etwas weniger auf Mohéli, sind diese in Plantagen gepflanzten, sonnenliebenden Bäume eine der wichtigsten Einnahmequellen. Der immergrüne Baum produziert fast ganzjährig Blüten, alle zehn Tage kann ein Baum erneut gepflückt werden. Die Blüten verströmen morgens einen intensiven Parfümduft. Die jungen Blütenblätter werden frühmorgens einzeln abgeknickt und gesammelt. Eine Frauenarbeit. Die Pflückerinnen durchwandern die Baumanlagen und stecken die grasgrün-gelblichen Blüten in ihren Sammelsack. Nach vier Stunden sind zehn bis zwanzig Kilogramm gepflückt. Die Ernte wird gewogen, die Pflückerinnen werden nach Kilo bezahlt. Dann wird die Ernte sofort zur Destillerie gebracht, oft behelfsmäßig eingerichtete Kleinbetriebe. Eine industrielle Produktion gibt es nicht.

Der Verarbeitungsprozess dauert 24 Stunden und muss durchgehend kontrolliert werden. Die erste Ausscheidung bringt das beste Öl und dieses „Super Plus“ genannte Destillat erzielt Goldpreise. Der Sud wird erneut gedämpft zur zweiten Qualität. Insgesamt werden fünf Qualitäten unterschieden. Aus 100 Kilogramm Blüten werden zwei Liter Ylang-Ylang-Öl destilliert. Die Parfümeurs Frankreichs reißen sich um diese intensiv-süßlich riechenden Öle. Die Komoren sind die weltweit größten Produzenten, sie liefern rund die Hälfte der Weltproduktion von 100 Tonnen. Trotzdem stehen diese ätherischen Öle nur an zweiter Stelle der Exporte. Wertmäßig werden mehr Nelken exportiert. Großabnehmer dafür ist Indien.

Die klimatische Gunstlage der Komoreninseln ermöglicht auch die Produktion von Vanille, deren Exportwert an dritter Stelle steht. Aber auch Pfeffer und Kaffee werden angebaut. Dazu Gemüse aller Art. Die eher sauren Bilimbi, Früchte des Gurkenbaums, bilden eine in komorischen Gerichten oft benutzte Zutat zu Fisch und Fleisch. Schon die alten Seefahrer versorgten sich auf den Komoren gern mit Ingwer. Die hier und dort stehenden Kakaobäume werden nur lokal benutzt. Die Chocolatiers der Welt müssen die geschmackliche Qualität der komorischen Kakaovariation erst noch entdecken.

Bananen, Mangos und Guaven

Es werden Reis und Mais angebaut, aber in ungenügenden Mengen. Die Komoren sind auch ein Früchteland. Bananenstauden und schattige Mangobäume wachsen überall. Die kleinen, dunkelroten Guaven sind erfrischende Snacks ab Baum auf dem Weg hoch zum Karthala. Sie wachsen wild, wie auch die Litschibäume. Viele der Fruchtbäume wurden von Seefahrern eingeführt, wie etwa die beliebte Surinamkirsche, deren gerippte Frucht wie eine kleine Tomate aussieht. Auf Haushaltsniveau werden aus zahlreichen Früchten Konfitüren hergestellt oder frisch auf den Märkten verkauft. Eine industrielle Weiterverarbeitung der Produkte findet nicht statt, außer dass ein Kleinbetrieb Kaffee röstet und mit dem Label „fabriqué aux Comores“ verkauft. Die Komoren exportieren nur zehn Prozent des Gegenwerts an Importen.

Links:
Bananen sind das wichtigste Grundnahrungsmittel gleich nach Maniok, Yams und Taro. Die Kochbanane wird zu den Gemüsen gerechnet wie auch die Brotfrucht. Auf allen Inseln findet man Bananenstauden, die Essbanane gibt es in 42 Sorten.

Oben:
Verdiente Ruhepause nach einem langen Arbeitstag. Das Pflücken der Ylang-Ylang-Blüten ist Frauensache, bezahlt wird nach Gewicht.

Kleine Bilder rechts, von oben nach unten: *Auf allen Komoreninseln wächst Ylang-Ylang und die daraus gewonnenen ätherischen Öle finden einen dankbaren Weltmarkt. Trotzdem wirken der Anbau und die Verarbeitung noch immer sehr improvisiert.*

Die Anhöhen des Karthala werden als Weiden für Zeburinder genutzt. Die Tiere laufen frei herum und haben keine Feinde. Doch oft befinden sich unter der dünnen, moosbewachsenen Lavadecke Hohlräume, in die die Rinder einbrechen können. Von dort gibt es kein Entkommen.

Entlang der fruchtbaren Ebenen im Osten von Mayotte pflanzen Kleinbauern Salat und Gemüse für die städtische Bevölkerung von Mamoudzou.

Viele Bauern pflanzen nur gerade genug für den Eigengebrauch an, so auch Ananas. Die Komoren sind weit davon entfernt, Selbstversorger zu sein. Der Import von Nahrungsmitteln nimmt einen hohen Stellenwert in der Importstatistik ein.

Dreiviertel der komorischen Bevölkerung lebt in direkter Nähe des Meeres. Fischen gehört zum Alltag. Die Jungs lernen von klein auf, die Arbeiten rund um die Fischerei zu erledigen.

Der Gebrauch von engmaschigeren Netzen erhöht die Fangquote, reduziert aber die Fischpopulation. Doch auch fremde Trawler leeren den Ozean rings um die Komoren.

Rechte Seite:
Das idyllische Fischerdorf Bimbini liegt am westlichen Zipfel von Anjouan und lebt im Rhythmus der Gezeiten. Mangroven stoppen Flutwellen, doch sie werden zusehends abgeholzt.

Oben:
Freizeitvergnügen der Jugend: Tischfußball in Hajoho (Nordosten von Anjouan). Die kleinen Fußballer sind wahre Künstler mit ihren Stangenspielern. Jedes Tor wird gefeiert, wie im richtigen Stadion.

Rechts:
Ein innovativer Händler hat in seinem Geschäft eine Informatikecke eingerichtet. Sein Computershop ist das moderne Postbüro für E-Mails. Zudem bearbeitet er Bilder, kopiert Musik, schreibt Briefe und druckt sie aus.

Oben:
Kleine Pause der Straßenarbeiter an der RN 21, die Anjouan durchquert und die Hauptstadt mit den fruchtbaren Küstengebieten des Ostens verbindet. Dank EU-Geldern und im Auftrag einer türkischen Baufirma reparieren sie die Straße. Auf keiner der Komoreninseln gibt es eine Autobahn. Autounfälle sind häufig.

Links und ganz links:
Den ganzen Tag lang schlägt dieser Steinklopfer Steine klein. Dabei stellt er unterschiedlich grobe Qualitäten her, die dann in Haufen zum Verkauf entlang der Straße liegen. Sie sind Baumaterial für die unzähligen Häuser in allen Baustadien. Zement ist nebst Treibstoff das wichtigste Importgut.

Linke Seite:
Der einzige Tunnel auf den Komoreninseln befindet sich an der Südküste von Anjouan bei Moya. Die RN 23 führt durch den rund 60 Meter langen Bouélaouvanga-Tunnel durch einen alten Lavawulst, der sich vor Urzeiten bis ins Meer ergossen hat.

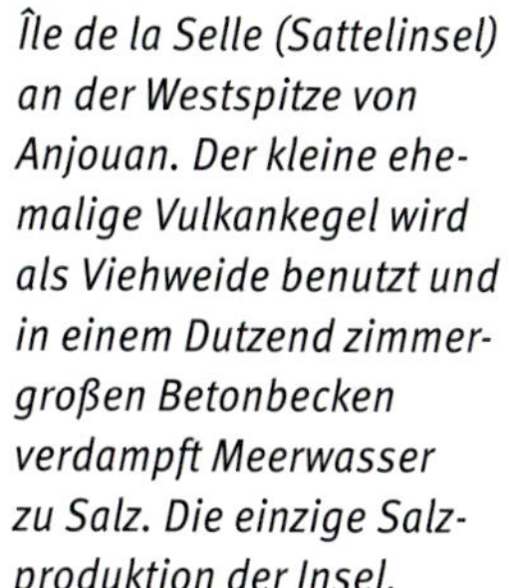
Île de la Selle (Sattelinsel) an der Westspitze von Anjouan. Der kleine ehemalige Vulkankegel wird als Viehweide benutzt und in einem Dutzend zimmergroßen Betonbecken verdampft Meerwasser zu Salz. Die einzige Salzproduktion der Insel.

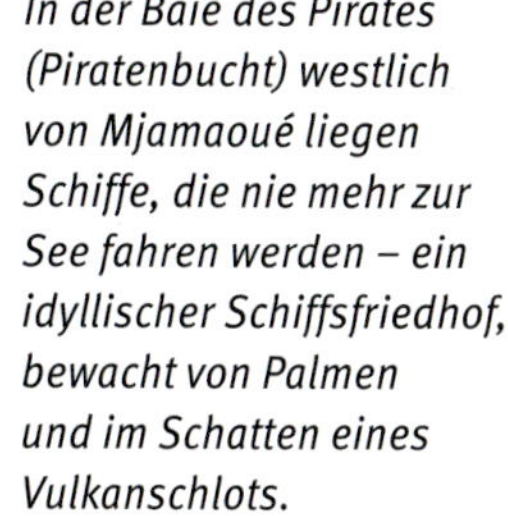
In der Baie des Pirates (Piratenbucht) westlich von Mjamaoué liegen Schiffe, die nie mehr zur See fahren werden – ein idyllischer Schiffsfriedhof, bewacht von Palmen und im Schatten eines Vulkanschlots.

Mayotte – das 101. Département Frankreichs

Aus einem kolonialen Landwirtschaftsbetrieb entstand der „Jardin botanique de Coconi". Auf zwei Hektar gedeihen Pflanzen aus allen Teilen von Mayotte. Die Flora der Insel weist zu Dreiviertel nach Madagaskar und nur zu einem Viertel auf afrikanische Ursprünge.

Es ist eine Frage der Geschichtsinterpretation, warum Mayotte zu Frankreich kam. Tatsache ist, dass die Insel 1841 von Frankreich gekauft wurde und fortan unter unterschiedlichen Verwaltungskategorien blieb. 2011 stimmte fast die Gesamtheit der Bewohner für eine Integration und seither ist Mayotte das 101. Département Frankreichs. Der komorische Namen Maoré hat sich gegenüber der französischen Bezeichnung Mayotte nicht durchgesetzt.

Damit hat Frankreich 374 Quadratkilometer voller Probleme an Bord genommen. Die Insel mit der größten Bevölkerungsdichte im westlichen Indischen Ozean lebt fast vollumfänglich nur von der Unterstützung Frankreichs. Natürlich sind die Straßen weit besser als jene auf den anderen Komoreninseln, sind Schulen und Gesundheitsversorgung dem europäischen Standard angeglichen und die Versorgung ist auf französischem Niveau. Doch auf einer anderen Ebene spielen die über 200 000 Einwohner einfach nicht mit: Die Resultate der Schulen sind so schlecht wie nirgendwo, die Kriminalität ist erschreckend und die Arbeitslosigkeit dramatisch. Das komorische Erbe lastet schwer auf Frankreichs Schultern.

So gut wie jede Nacht schleichen sich Kwassa-kwassa (kleine Fischerboote) heran mit Leuten, die nach Frankreich flüchten wollen. Sie erhoffen sich Gesundheitspflege, Arbeit, Bildung. Schwangere wollen auf Mayotte gebären, um ihre Babys nach französischem Recht bei Geburt Staatsangehörige Frankreichs werden zu lassen. Die Küstenwache ist so gut wie machtlos. Wer erwischt wird, wird zurückgeschickt. Minderjährige hingegen dürfen bleiben und so wird Mayotte als das „weltgrößte Waisenheim" bezeichnet. Wer Glück hat, taucht bei Verwandten unter und lebt fortan illegal in der Hoffnung auf eine Legalisierung seiner Situation. Viele kentern.

Oben:
Die Hauptstadt von Mayotte, Mamoudzou, liegt auf der Hauptinsel (Grande-Terre), während sich Flughafen, Militäranlagen und viele Wohngebiete auf der vorgelagerten Insel Petite-Terre befinden.

Rechts:
Zahlreiche Fährschiffe (Barges) verbinden die Inseln im Zehnminutentakt und transportieren Fahrzeuge und Fußgänger gemeinsam. Im Hintergrund der moderne Stadtteil von Mamoudzou.

Oben:
Blick auf einen der Vororte von Mamoudzou und südlich davon auf die bewaldete Bergkette mit dem höchsten Gipfel der Insel, dem Mont Bénara mit 660 Metern. Wandern gehört zu den wichtigsten Freizeitaktivitäten der aus der Métropole (europäisches Frankreich) stammenden Fachkräfte.

Links:
Trotz starker französischer Präsenz und einer großen Anzahl christlicher Madagassen bleibt der Islam mit weit über 95 Prozent die dominante Konfession auf Mayotte. Da es ein Département Frankreichs ist, wurde die islamische Vielehe verboten.

Restaurant Bar
MAHAZATRA
RESTAURATION RAPIDE SUR PLACE OU A EMPORTER
Heineken
KENNEDY
COIFFURE
HOMMES
FEMMES
ENFANTS
Nestlé

Linke Seite:
Mahazatra (Gewohnheit) nennt sich ein madagassisches Restaurant in Passamainty. Leute aus Madagaskar waren und sind wichtige Elemente in der Kultur und im täglichen Leben auf Mayotte. Sogar die komorische Sprache haben sie auf der Insel stark beeinflusst.

Der Hafen von Longoni im Norden ist der einzige Tiefseehafen von Mayotte. Pro Jahr machen 200 bis 300 Frachtschiffe an den zwei Quais fest, so gut wie alle Produkte für Mayotte werden hier angelandet. Demgegenüber nimmt Flugfracht nur einen unwesentlichen Teil ein. Außer Fisch, Ylang-Ylang und etwas Vanille gehen kaum andere Produkte in den Export. Größter Handelspartner für Import und Export bleibt das Mutterland Frankreich.

Die tropisch luftige Markthalle in Mamoudzou bietet Stände für 350 Kleinhändler gleich neben der Fähre. Die 2009 eröffnete Halle sollte das Problem von Abfall, Hygiene und Kleinkriminalität lösen. Polizei und Stadtverwaltung führen einen ständigen Kampf gegen die ambulanten Händler (vendeurs à la sauvette), die sich ohne Bewilligung rings um das Gebäude aufhalten. Auch die mamas-brochettis, die auf dem Kohlengrill gebratene Hähnchen und Fleischspießchen verkaufen, sind in der Halle nicht toleriert. Die Markthalle ist auch ein schattiger Treffpunkt. Er ist jeden Tag außer sonntags geöffnet.

Sultane und Söldner – wechselvolle Geschichte

Die vier Inseln des Komorenarchipels wurden vor rund 1500 Jahren besiedelt und dies von einem Substrat aus indonesisch-madagassischen Seefahrern und Bantu-Afrikanern. Aus dieser Zeit stammt die deutlich matriarchalische Grundstruktur der komorischen Gesellschaft. Dieses Konglomerat wurde angereichert durch swahilisch-islamische Elemente.
Die im 13. Jahrhundert erfolgte Einwanderung von Leuten aus Persien, die Shirazi, brachte dann eine noble Kaste ins Land, die seither und immer noch um die Vormacht kämpft. Diese Adeligen gründeten kleine Reiche und nannten sich Sultane. Sie standen in stetem Kampf gegeneinander auf der gleichen Insel und ebenso von Insel zu Insel. Als die Europäer erstmals auf Grande Comore landeten, mögen dort über ein Dutzend Sultane geherrscht haben. Wechselnde Allianzen, Kleinkriege und unzuverlässige Gefolgschaft veränderten die Kräfteverhältnisse von Jahr zu Jahr. Die Edlen waren nur auf Eigeninteresse aus. Sklavenhaltung war üblich.

Zünglein an der Waage

Nicht unbeachtet dürfen die äußeren Einflüsse bleiben. So spielten die europäischen Seefahrer immer wieder das Zünglein an der Waage. Ihnen ging es um Versorgungspunkte auf ihren Fernfahrten zu den Gewürzinseln in Südostasien. Kolonisierung und Besitznahme war bis ins 19. Jahrhundert kein Thema. Doch ihre Gewehre und Kanonen brachten mal den einen Sultan zu Fall und den anderen zur Macht. Einen gewichtigen Anteil hatten auch madagassische Piraten. Ihre Beutezüge waren so gefürchtet, dass sich die Städte auf den Komoren mit dicken Mauern zu schützen suchten. Ebenso kam es im Laufe der Jahrhunderte immer wieder vor, dass sich landsuchende Madagassen in Gruppen auf den Komoren niederließen, insbesondere auf Mayotte und auf Mohéli.
Mohéli als kleinste der Inseln geriet immer wieder in Abhängigkeit der anderen Inseln, mal Grande Comore, mal Anjouan. 1830 eroberte ein Madagasse die Insel und ernannte sich zum Sultan Abd-er-Rhaman. Seine Tochter verheiratete sich unstandesgemäß mit einem französischen Flottenkapitän. Ihre Tochter Salima Machamba bint Saidi Hamadi Makadara, mit christlichem Namen Ursule, geboren 1874, heiratete im Exil einen französischen Gendarmen und starb 1964 auf einem Bauernhof im französischen Jura. Sie dankte 1902 als letzte Königin von Mohéli ab, obwohl die Insel längst in französischen Händen war. Sie hatte nie als Königin agiert und wurde als „Reine en sabots" (Königin in Holzschuhen) verspottet.
Bis heute bleibt der Eindruck, dass der uralte Zwist zwischen einflussreichen Familien und alten Adligen weiter brodelt. Rund ein Dutzend – erfolgreiche und nicht gelungene – Putschversuche trugen nicht dazu bei, Stabilität in die Komorenrepublik zu bringen. So brachten in den 1980er- und 1990er-Jahren immer wieder – wohl mit diskreter Einwilligung Frankreichs – Söldner Leute an die Macht oder ließen andere verschwinden. So sehr, dass Bob Denard und seine Söldnertruppe den Staat jahrelang quasi führten, bis ihn dann – nach seinem vierten Putsch – die Franzosen 1995 unehrenvoll und mit militärischer Intervention aus den Komoren abtransportierten. Diese Söldnerpräsenz hat sich tief in das kollektive komorische Bewusstsein eingegraben.

Sezessionsbemühungen

Ebenso sind die Sezessionsbemühungen der Inseln eine Konstante in der langen Geschichte der Mondinseln. So spaltete sich Anjouan 1997 von der damaligen „Islamischen Bundesrepublik der Komoren" ab und wurde erst 2008 durch eine militärische Intervention afrikanischer (und französischer) Truppen wieder eingegliedert. Auch Mohéli sagte sich 1997 kurzzeitig von Grande Comore los, schwenkte dann aber 1998 wieder ein.
Heute sind die Komoren eine Bundesrepublik islamischen Glaubens und die drei Inseln verfügen über eine gewisse Autonomie. Die vierte Komoreninsel, Mayotte, ist ein vollwertiges Département Frankreichs.

Links:
Ab dem 13. Jahrhundert landeten Leute aus dem persischen Shiraz auf den Komoreninseln. Schnell entwickelten sie sich zur Herrscherklasse, deren Führer sich Sultan nannte. Auf allen Komoreninseln sind historische Shirazi-Gräber zu sehen.

Oben:
Die Sultane ließen sich im 19. Jahrhundert befestigte Paläste aus Vulkan- und Korallenstein bauen. Der Palast Kaviridjewe bei Ikoni auf Grande Comore sollte vor Angriffen von der See aus schützen. Zudem war er Macht-, Beratungs- und Entscheidungszentrum.

Kleine Bilder rechts, von oben nach unten: *Kolonialadministrator Massol lässt sich in der Sänfte vor seinem strohgedeckten Wohnhaus auf Mayotte fotografieren. Er war 1903 bis 1904 Kolonialadministrator.*

Die Fotografie von 1863 machte den französischen Fotografen Claude-Joseph-Désiré Charnay berühmt. Sie zeigt Djoumbé (Prinzessin) Fatima Soudi von Mohéli (1837–1878). Nach dem frühzeitigen Tod ihres Vaters übernahm sie mit zwölf Jahren 1849 den Thron und behielt ihn bis zu ihrem Tod 1878.

Auf Grande Comore war Said Ali ben Said Omar al Maseyili zeitweise der stärkste der damals zwölf Sultane. Mit ihm verhandelten die Franzosen über Land und Steuern. In Ungnade gefallen, lockten sie ihn auf ein Schiff und transportierten ihn ohne Vorwarnung ins Exil.

Said Ali ben Said Omar al Maseyili in swahilisch-arabischem Kleidungsstil und mit einem reich verzierten Krummdolch (Khanjar) aus dem Oman. Damit ordnete er sich der swahilisch-arabischen Kultur zu, obwohl er gute Beziehungen zum französischen Naturforscher Léon Humblot hatte.

GENDARMERIE MARITIME
P 602
13

Links:
Die französische Marine auf Mayotte kann nicht verhindern, dass überfüllte Boote (Kwassa-kwassa) fast jede Nacht Leute von den anderen drei Komoreninseln anlanden. Über das Frankreich in den Tropen hoffen sie, ins richtige Frankreich zu gelangen.

Unten:
Der Flughafen Pamandzi auf Mayotte (Petite-Terre) zeigt hinaus in den Ring des Riffs, das Mayotte in zwei Kreisen umschließt. Allein 800 Fischarten bereichern das maritime Leben.

Ganz unten:
Fähre vor dem Parc de la Pointe Mahabou, auf dessen Hügelspitze sich das Grab von Sultan Adriantsouli befindet, der 1841 Mayotte an Frankreich verkaufte, weil seine brutale Herrschaft ins Wanken geraten war.

Die erste Moschee in Tsingoni (im Westen von Mayotte) entstand vor über 500 Jahren, als der kleine Küstenort die Hauptstadt von Mayotte war. Daher wird die heutige Moschee immer noch die königliche genannt. Die ursprüngliche Moschee diente mit ihrem Flachdach auch als Wasserspeicher. Das Minarett der heutigen denkmalgeschützten Moschee wurde 1993 erbaut. In ihrem Schatten befinden sich alte Shirazi-Gräber.

Links:
In den kleinen Städten und Dörfern auf Mayotte geht es tropisch-kreolisch-komorisch zu. Aber auf die Annehmlichkeiten der Technik wird gern zurückgegriffen: Kochgas, Fahrzeuge, Klimaanlage, Kommunikation.

Ganz links oben:
Die Komoren lagen mitten im Fahrgebiet der damaligen Segelfrachter und es dauerte nicht lange, bis sie von den Europäern um 1500 „entdeckt“ wurden. Zu der Zeit waren die Mondinseln schon seit Jahrhunderten in ein Handelsnetz eingesponnen, das sich über Ostafrika und Arabien erstreckte.

Ganz links unten und links:
Das 2015 eröffnete MUMA (Musée de Mayotte) stellt die Komoren in den Zusammenhang mit der Weltgeschichte und hat auch eine archäologische und ethnologische Aufgabe. So erläutert es die wesentlichen Kleidungselemente der Männer: die zylindrische Mütze (Kofia), eine mit Stickereien verzierte Halsschärpe und Mantel.

Seite 126/127:
Vor einem Feiertag bereiten Frauen gemeinsam Kuchen zu, auf dem Parkplatz vor einer Bäckerei in Tsimboura. Dort wird dann gebacken. Das Gebäck nennen sie einfach „komorisches Biskuit".

Die Salzsiederinnen von Bandrélé im Südosten von Mayotte üben dieses alte Handwerk als einzige noch aus. Ihnen ist sogar eine Briefmarke gewidmet. Die Frauen werden „mamas shingos" (Salzmütter) genannt.

Die Salzmütter kratzen den trockenen Meeresschlick bei Ebbe auf, mischen ihn mit Süßwasser und kochen den Sud in blechkuchenartigen Trögen aus. Nach mehrstündigem Prozess ist das Ergebnis reines Meersalz.

Diese alte Methode des Salzsiedens verbraucht eine Unmenge an Holz, das oft in den Mangroven geschlagen wird.

Vor 100 Jahren gab es noch über ein Dutzend Zuckerfabriken auf Mayotte. Heute sind sie Ruinen, in denen die Maschinen, Zahnräder und Dampfkübel langsam und leise verrosten. Die letzte Zuckerfabrik schloss 1955.

Unten:
Die Grünen Schildkröten (Chelonia mydas) von N'Gouja im Südwesten von Mayotte grasen gern die strandnahen maritimen Weiden ab. Der deutsche Name, Suppenschildkröte, lässt erkennen, wozu dieses Wassertier lange gejagt wurde. Und zuweilen noch wird.

Ganz unten:
Mayotte ist durch ein doppeltes Riffband geschützt. Das äußere Korallenriff bildet eine artenreiche, fast rundum geschlossene Lagune vor den Stränden der Insel. Mayotte hat 210 Kilometer Küstenlänge, wovon 195 Kilometer unmittelbar davor durch ein inneres Riffband geschützt sind.

Rechts:
Am Strand von N'Gouja wachsen auch zwei Arten Baobab. Die urtümlichen Affenbrotbäume stammen aus Afrika (Adansonia digitata) und nur ein Exemplar mit seinen aufrechten, rosaroten Blüten ist aus Madagaskar (Adansonia madagascariensis).

Seite 132/133: *Mayotte bietet mehrere Strände mit guten Bademöglichkeiten. Die Besucher blicken über ein natürliches Aquarium in der weitflächigen Lagune, das Taucher und Schnorchler zu bewundern wissen.*

Register

10 km
Bangoua Kouni
Memboua Bouani
Mitsamiouli
Ouela
Ndzaouzé
Membou-adjou
Ouzio
Mandza
Djomani
Chézani
Chamlé
1.077 m
Ntsaouéni
Ivembeni
Saondzou 1.087 m
Bouni
Mbéni
Int. Flughafen HAH
Hahaya
Dibouani
Oussivo
Itsikoudi
Vanambouani
Koimbani
Batsa
Dzahadjou
Capitaine Dubois Grotte
Ntsoudjini
Ouella
Bandamadji
Itsandra
Sidjou
Salimani
MORONI
La grande Mosquée du Vendredi
Parlament
Tsidjé
Maouéni
Missihiri wa Cheik Ahmed Mosquée
Mvouni
Mkazi
Ikoni
Mdé
Kaviridjewe-Palais
Vouvouni
Karthala 2.361 m
Mouandzaza Ambouani
Nioumadzaha
Salimani
Mitsoudjé
Chouani
Bangoua
Singani
Dzahadjou
Kourani
Dembéni
Ouziouani
Grande Comore (Ngazidja)

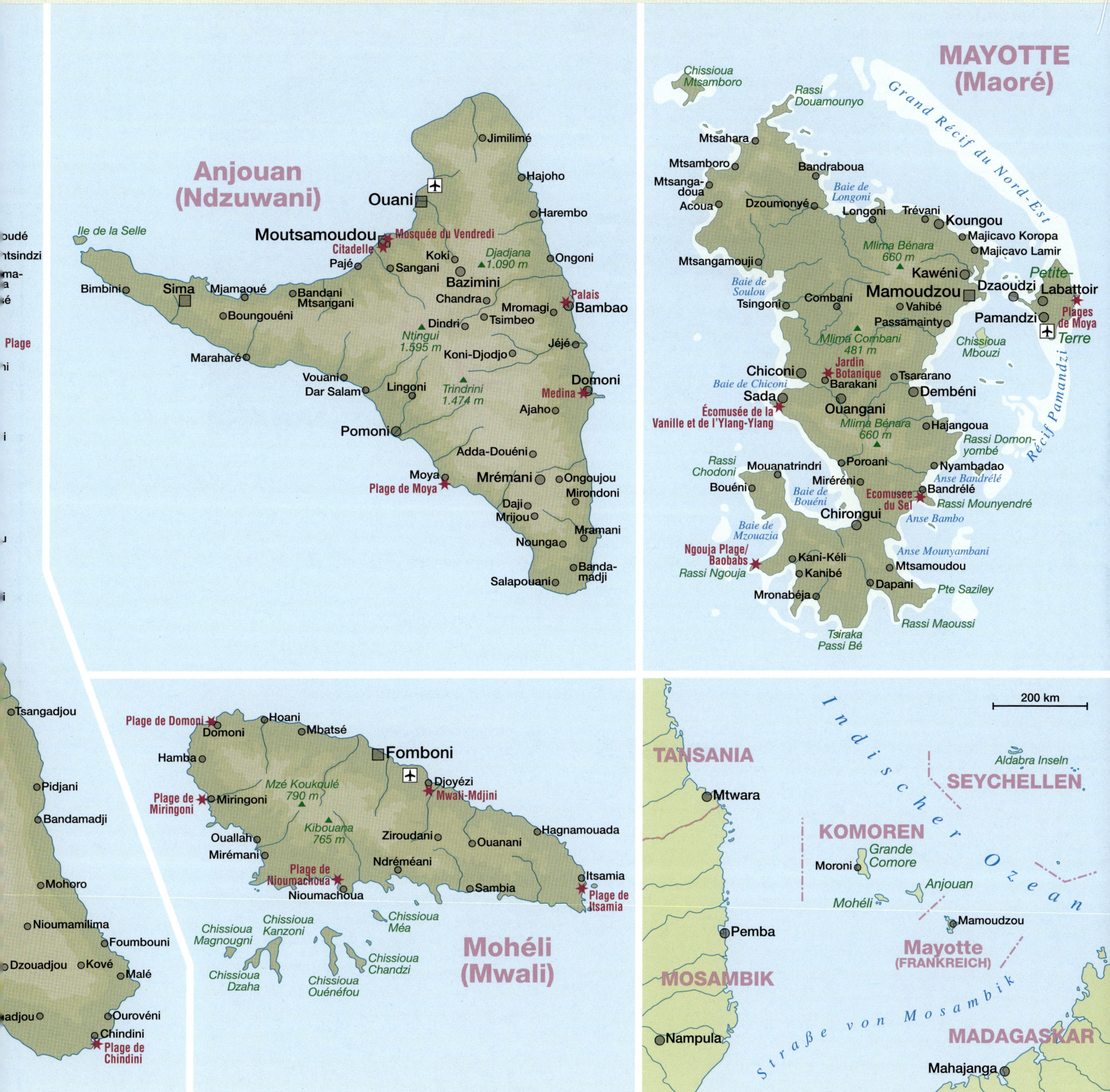
Anjouan
(Ndzuwani)
Ile de la Selle
Bimbini
Sima
Mjamaoué
Bandani
Mtsangani
Boungouéni
Maraharé
Vouani
Dar Salam
Lingoni
Pomoni
Moutsamoudou
Mosquée du Vendredi
Citadelle
Pajé
Sangani
Koki
Ouani
Jimilimé
Hajoho
Harembo
Djadjana
1.090 m
Ongoni
Bazimini
Chandra
Palais
Bambao
Mromagi
Dindri
Tsimbeo
Ntingui
1.595 m
Koni-Djodjo
Jéjé
Trindrini
1.474 m
Domoni
Medina
Ajaho
Adda-Douéni
Moya
Plage de Moya
Mrémani
Ongoujou
Mirondoni
Daji
Mrijou
Mramani
Nounga
Banda-
madji
Salapouani
MAYOTTE
(Maoré)
Chissioua
Mtsamboro
Rassi
Douamounyo
Grand Récif du Nord-Est
Mtsahara
Mtsamboro
Mtsanga-
doua
Acoua
Bandraboua
Baie de
Longoni
Dzoumonyé
Longoni
Trévani
Koungou
Majicavo Koropa
Majicavo Lamir
Mlima Bénara
660 m
Mtsangamouji
Kawéni
Petite-
Terre
Dzaoudzi
Labattoir
Baie de
Soulou
Tsingoni
Combani
Mamoudzou
Vahibé
Pamandzi
Plages
de Moya
Passamainty
Mlima Combani
481 m
Chissioua
Mbouzi
Chiconi
Jardin
Botanique
Tsararano
Baie de Chiconi
Barakani
Sada
Dembéni
Écomusée de la
Vanille et de l'Ylang-Ylang
Ouangani
Récif Pamandzi
Mlima Bénara
660 m
Hajangoua
Rassi Domon-
yombé
Rassi
Chodoni
Mouanatrindri
Poroani
Nyambadao
Anse Bandrélé
Bouéni
Miréréni
Baie de
Bouéni
Ecomusee
du Sel
Bandrélé
Rassi Mounyendré
Chirongui
Anse Bambo
Baie de
Mzouazia
Ngouja Plage/
Baobabs
Kani-Kéli
Anse Mounyambani
Rassi Ngouja
Kanibé
Mtsamoudou
Dapani
Mronabéja
Pte Saziley
Rassi Maoussi
Tsiraka
Passi Bé
Tsangadjou
Pidjani
Bandamadji
Mohoro
Nioumamilima
Foumbouni
Dzouadjou
Kové
Malé
Ourovéni
Chindini
Plage de
Chindini
Plage de Domoni
Hoani
Domoni
Mbatsé
Hamba
Fomboni
Djoyézi
Mwali-Mdjini
Mzé Koukoulé
790 m
Plage de
Miringoni
Miringoni
Kibouana
765 m
Ziroudani
Hagnamouada
Ouallah
Ouanani
Miréman
Ndréméani
Plage de
Nioumachoua
Itsamia
Nioumachoua
Sambia
Plage de
Itsamia
Chissioua
Magnougni
Chissioua
Kanzoni
Chissioua
Méa
Chissioua
Chandzi
Chissioua
Dzaha
Chissioua
Ouénéfou
Mohéli
(Mwali)
200 km
Indischer Ozean
TANSANIA
Mtwara
Aldabra Inseln
SEYCHELLEN
KOMOREN
Grande
Comore
Moroni
Anjouan
Mohéli
Mamoudzou
Pemba
Mayotte
(FRANKREICH)
MOSAMBIK
Straße von Mosambik
MADAGASKAR
Nampula
Mahajanga

Die Betongebäude haben meist Flachdächer, die sich gut eignen, in praller Sonne Wäsche zu trocknen.

Impressum

Buchgestaltung
Matthias Kneusslin
www.hoyerdesign.de

Karte
Fischer Kartografie, Aichach

Bildnachweis
Alle Bilder von Ellen Spinnler mit Ausnahme von:
S. 121 rechts (4 Abb.): Archiv des Verlages.

Das komorische Tourismusbüro wird in der D-A-CH-Region vertreten durch die Reiseorganisation PRIORI in Basel. Infos und Reisen unter www.komoren-reisen.com

Printed in Italy
Repro: Artilitho snc, Lavis-Trento, Italien
www.artilitho.com
Druck und Verarbeitung:
Grafiche Stella srl, Verona, Italien

ISBN 978-3-8003-4294-5

Unser gesamtes Programm finden Sie unter:
www.verlagshaus.com